MP3 다운로드 방법

컴퓨터에서
- 네이버 블로그 주소란에 **www.lancom.co.kr** 입력 또는 네이버 블로그 검색창에 **랭컴**을 입력하신 후 다운로드

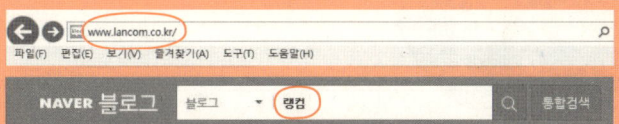

- **www.webhard.co.kr**에서 직접 다운로드
  아이디 : lancombook
  패스워드 : lancombook

스마트폰에서
콜롬북스 앱을 통해서 본문 전체가 녹음된 **MP3** 파일을 **무료**로 **다운로드**할 수 있습니다.

- 구글플레이·앱스토어에서 **콜롬북스 앱** 다운로드 및 설치
- 회원 가입 없이 원하는 도서명을 검색 후 **MP3 다운로드**
- 회원 가입 시 더 다양한 **콜롬북스** 서비스 이용 가능

▶ mp3 다운로드
www.lancom.co.kr에 접속하여 mp3파일을 무료로 다운로드합니다.

▶ 우리말과 일본인의 1 : 1 녹음
책 없이도 공부할 수 있도록 일본인 남녀가 자연스런 속도로 번갈아가며 일본어 문장을 녹음하였습니다. 우리말 한 문장마다 일본인 남녀 성우가 각각 1번씩 읽어주기 때문에 한 문장을 두 번씩 듣는 효과가 있습니다.

▶ mp3 반복 청취
교재를 공부한 후에 녹음을 반복해서 청취하셔도 좋고, 일본인의 녹음을 먼저 듣고 잘 이해할 수 없는 부분은 교재로 확인해보는 방법으로 공부하셔도 좋습니다. 어떤 방법이든 자신에게 잘 맞는다고 생각되는 방법으로 꼼꼼하게 공부하십시오. 보다 자신 있게 일본어를 할 수 있게 될 것입니다.

▶ 정확한 발음 익히기
발음을 공부할 때는 반드시 함께 제공되는 mp3 파일을 이용하시기 바랍니다. 일본어를 배울 때 듣는 것이 중요하다는 것은 두말할 필요가 없습니다. 오랫동안 자주 반복해서 듣는 연습을 하다보면 어느 순간 갑자기 말문이 열리게 되는 것을 경험할 수 있을 것입니다. 의사소통을 잘 하기 위해서는 말을 잘하는 것도 중요하지만 상대가 말하는 것을 정확하게 듣는 것이 더 중요하다고 합니다. 활용도가 높은 기본적인 표현을 가능한 한 많이 암기할 것과, 동시에 일본인이 읽어주는 문장을 지속적으로 꾸준히 듣는 연습을 병행하시기를 권해드립니다. 듣는 연습을 할 때는 실제로 소리를 내어 따라서 말해보는 것이 더욱 효과적입니다.

쓰면서
말해봐
일본어회화
여행편

쓰면서 말해봐 일본어회화 여행편

2017년 11월 20일 초판 1쇄 인쇄
2017년 11월 25일 초판 1쇄 발행

지은이 박해리
발행인 손건
편집기획 김상배, 장수경
마케팅 이언영
디자인 이성세
제작 최승용
인쇄 선경프린테크

발행처 LanCom 랭컴
주소 서울시 영등포구 영신로38길 17
등록번호 제 312-2006-00060호
전화 02) 2636-0895
팩스 02) 2636-0896
홈페이지 www.lancom.co.kr

ⓒ 랭컴 2017
ISBN 979-11-88112-34-0 13730

이 책의 저작권은 저자에게 있습니다. 저자와 출판사의 허락없이
내용의 일부를 인용하거나 발췌하는 것을 금합니다.

쓰면서 말해봐 일본어회화

Write and Talk!

여행편

박해리 지음

LanCom
Language & Communication

들어가며

일본어회화를 위한 4단계 공부법

읽기 듣기 말하기 쓰기 4단계 일본어 공부법은 가장 효과적이라고 알려진 비법 중의 비법입니다. 아무리 해도 늘지 않던 일본어 공부, 이제 **읽듣말쓰 4단계** 공부법으로 팔 걷어붙이고 달려들어 봅시다!

읽기

왕초보라도 문제없이 읽을 수 있도록 일본인 발음과 최대한 비슷하게 우리말로 발음을 달아 놓았습니다. 우리말 해석과 일본어 표현을 눈으로 확인하며 읽어보세요.

✓ check point!
- 같은 상황에서 쓸 수 있는 6개의 표현을 확인한다.
- 우리말 해석을 보면서 일본어 표현을 소리 내어 읽는다.

듣기

책 없이도 공부할 수 있도록 우리말 해석과 일본어 문장이 함께 녹음되어 있습니다. 출퇴근 길, 이동하는 도중, 기다리는 시간 등, 아까운 자투리 시간을 100% 활용해 보세요. 듣기만 해도 공부가 됩니다.

- 우리말 해석과 일본인 발음을 서로 연관시키면서 듣는다.
- 일본인 발음이 들릴 때까지 반복해서 듣는다.

쓰기

일본어 공부의 완성은 쓰기! 손으로 쓰면 우리의 두뇌가 훨씬 더 확실하게, 오래 기억한다고 합니다. 맞쪽에 있는 노트는 공부한 것을 확인하며 쓸 수 있도록 최적화되어 있습니다. 정성껏 쓰다 보면 생각보다 일본어 문장이 쉽게 외워진다는 사실에 깜짝 놀라실 거예요.

✓ check point!

- 적혀 있는 그대로 읽으면서 따라 쓴다.
- 일본인의 발음을 들으면서 쓴다.
- 표현을 최대한 머릿속에 떠올리면서 쓴다.

말하기

듣기만 해서는 절대로 입이 열리지 않습니다. 일본인 발음을 따라 말해보세요. 계속 듣고 말하다 보면 저절로 발음이 자연스러워집니다.

✓ check point!

- 일본인 발음을 들으면서 최대한 비슷하게 따라 읽는다.
- 우리말 해석을 듣고 mp3를 멈춘 다음, 일본어 문장을 떠올려 본다.
- 다시 녹음을 들으면서 맞는지 확인한다.

대화 연습

문장을 아는 것만으로는 충분하지 않습니다. 대화를 통해 문장의 쓰임새와 뉘앙스를 아는 것이 무엇보다 중요하기 때문에 6개의 표현마다 대화문을 하나씩 두었습니다.

✓ check point!

- 대화문을 읽고 내용을 확인한다.
- 대화문 녹음을 듣는다.
- 들릴 때까지 반복해서 듣는다.

이 책의 내용

PART 01 출입국

- 01 기내에서 12
- 02 여객선에서 14
- 03 입국심사 16
- 04 짐찾기 18
- 05 세관검사 20
- 06 환전 22
- 07 공항안내소 24
- 08 공항에서 시내로 26
- 09 귀국수속 28
- 10 귀국 탑승수속 30

PART 02 숙박
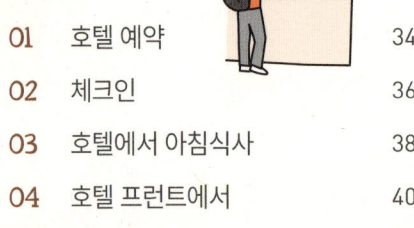

- 01 호텔 예약 34
- 02 체크인 36
- 03 호텔에서 아침식사 38
- 04 호텔 프런트에서 40
- 05 룸서비스 42
- 06 세탁과 미용 44
- 07 호텔방에 문제가 있을 때 46
- 08 호텔에 뭔가를 요구할 때 48
- 09 체크아웃 50
- 10 일본여관에서 52

PART 03 식사

- 01 식당을 찾을 때 56
- 02 식당 예약 58
- 03 자리에 앉을 때까지 60
- 04 주문할 때 62
- 05 주문에 문제가 있을 때 64
- 06 식당에서의 트러블 66
- 07 식사를 하면서 68
- 08 음식맛의 표현 70
- 09 식당에서의 계산 72
- 10 음료와 술을 마실 때 74

PART 04 교통

01	길을 묻거나 알려줄 때	78
02	택시를 탈 때	80
03	버스를 탈 때	82
04	전철·지하철을 탈 때	84
05	열차를 탈 때	86
06	비행기를 탈 때	88
07	렌터카	90
08	자동차를 운전할 때	92
09	교통사고가 났을 때	94
10	위급한 상황일 때	96

PART 05 관광

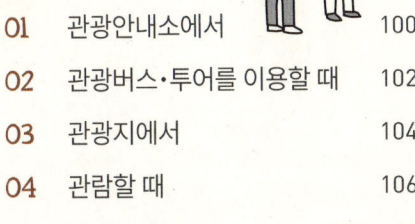

01	관광안내소에서	100
02	관광버스·투어를 이용할 때	102
03	관광지에서	104
04	관람할 때	106
05	사진을 찍을 때	108

06	파친코에서	110
07	클럽·바·노래방에서	112
08	스포츠·레저 즐기기	114
09	난처할 때	116
10	말이 통하지 않을 때	118

PART 06 쇼핑

01	쇼핑가에서	122
02	슈퍼마켓·백화점에서	124
03	물건을 찾을 때	126
04	물건을 고를 때	128
05	물건 값을 흥정할 때	130
06	물건 값을 계산할 때	132
07	포장이나 배달을 원할 때	134
08	교환이나 환불을 원할 때	136
09	물건을 분실했을 때	138
10	도난당했을 때	140

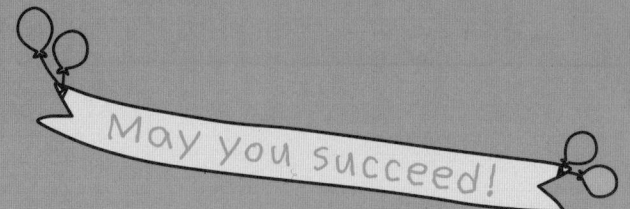

PART 01

書くことで会話が身につく

✦ 눈으로 읽고
✦ 귀로 듣고
✦ 손으로 쓰고
✦ 입으로 소리내어 말한다!

출입국

 # Unit 01 기내에서

>> 녹음을 듣고 소리내어 읽어볼까요?

듣기

이건 어디에 두면 될까요?
これはどこに置けばいいですか。
고레와 도꼬니 오께바 이-데스까

이 짐을 부탁할게요.
この荷物をお願いします。
고노 니모쯔오 오네가이시마스

잠깐 지나갈게요.
ちょっと通してください。
촛또 도-시떼 구다사이

면세품을 기내에서 판매하나요?
免税品を機内販売していますか。
멘제-힝오 기나이 함바이시떼 이마스까

입국카드 쓰는 법을 가르쳐 주세요.
入国カードの書き方を教えてください。
뉴-코꾸카-도노 가끼카따오 오시에떼 구다사이

구토가 나는데 물 좀 주세요.
吐き気がするので、水をください。
하끼께가 스루노데, 미즈오 구다사이

Conversation

A: 飲み物は何がありますか。
B: コーヒー、紅茶、ジュースなどがございます。

마실 것은 뭐가 있나요?
커피, 홍차, 주스 등이 있습니다.

또박또박 쓰면서 말해볼까요? >> 말하기 <<

✎ これはどこに置けばいいですか。

✎ この荷物をお願いします。

✎ ちょっと通してください。

✎ 免税品を機内販売していますか。

✎ 入国カードの書き方を教えてください。

✎ 吐き気がするので、水をください。

 # 여객선에서

>> 녹음을 듣고 소리내어 읽어볼까요?

듣기

제 선실은 어디인가요?
わたしの船室はどこですか。
　　　　　せんしつ
와따시노 센시쯔와 도꼬데스까

큰방 안은 자유석인가요?
大部屋の中は自由席ですか。
　おおべや　なか　じゆうせき
오-베야노 나까와 지유-세끼데스까

제 침구는 어느 것입니까?
わたしの寝具はどれですか。
　　　　　しんぐ
와따시노 싱구와 도레데스까

바는 어디에 있나요?
バーはどこにありますか。
바-와 도꼬니 아리마스까

뱃멀미를 한 것 같은데요.
船酔いにかかったようです。
　ふなよ
후나요이니 가깟따요-데스

지금 갑판에 나가도 되나요?
今デッキへ出てもいいですか。
　いま　　　　で
이마 덱끼에 데떼모 이-데스까

Conversation

A: 売店はどこにありますか。
　　ばいてん
B: 二階のレストランの入口にあります。
　　にかい　　　　　　　　いりぐち

매점은 어디에 있나요?
2층 식당 입구에 있습니다.

또박또박 쓰면서 말해볼까요? >> 말하기 <<

わたしの船室はどこですか。

大部屋の中は自由席ですか。

わたしの寝具はどれですか。

バーはどこにありますか。

船酔いにかかったようです。

今デッキへ出てもいいですか。

 # Unit 03 입국심사

>> 녹음을 듣고 소리내어 읽어볼까요?   듣기

여권을 보여 주세요.
パスポートを見せてください。
파스포-토오 미세떼 구다사이

입국카드를 보여 주세요.
入国カードを見せてください。
뉴-코꾸카-도오 미세떼 구다사이

무슨 일로 오셨습니까?
どんな用事で来られましたか。
돈나 요-지데 고라레마시다까

어느 정도 머무르실 예정입니까?
どのくらいご滞在の予定ですか。
도노쿠라이 고타이자이노 요떼-데스까

어디에 머무르십니까?
どこにお泊まりですか。
도꼬니 오또마리데스까

숙박처는 아직 정하지 않았습니다.
宿泊地はまだ決めておりません。
슈꾸하꾸찌와 마다 기메떼 오리마셍

 Conversation
A: 旅行の目的は何ですか。
B: 観光です。
여행목적은 뭡니까?
관광입니다.

16 • 쓰면서 말해봐 여행편

>> 또박또박 쓰면서 말해볼까요? >> 말하기 <<

✎ パスポートを見せてください。

✎ 入国カードを見せてください。

✎ どんな用事で来られましたか。

✎ どのくらいご滞在の予定ですか。

✎ どこにお泊まりですか。

✎ 宿泊地はまだ決めておりません。

 **Unit 04 짐찾기**

》 녹음을 듣고 소리내어 읽어볼까요? 듣기

짐은 어디서 찾습니까?
荷物はどこで受け取りますか。
니모쯔와 도꼬데 우케또리마스까

카트는 어디에 있나요?
カートはどこにありますか。
카-토와 도꼬니 아리마스까

내 짐이 안 보이는데요.
わたしの荷物が見つかりません。
와따시노 니모쯔가 미츠까리마셍

여기 화물인환증 있어요.
荷物引換証はこれです。
니모쯔히키까에쇼-와 고레데스

분실한 짐은 몇 개입니까?
紛失した荷物は何個ですか。
훈시쯔시따 니모쯔와 낭꼬데스까

찾는 대로 호텔로 보내 주세요.
見つかり次第ホテルに届けてください。
미쓰까리 시다이 호테루니 도도께떼 구다사이

Conversation

A: 荷物の特徴を教えてください。
B: 大型のスーツケースです。色は青色です。

짐의 특징을 알려 주세요.
대형 여행가방이고요. 청색입니다.

 >> 또박또박 쓰면서 말해볼까요? >> 말하기 <<

✎ 荷物はどこで受け取りますか。

✎ カートはどこにありますか。

✎ わたしの荷物が見つかりません。

✎ 荷物引換証はこれです。

✎ 紛失した荷物は何個ですか。

✎ 見つかり次第ホテルに届けてください。

 Unit 05 **세관검사**

>> 녹음을 듣고 소리내어 읽어볼까요?

여권과 신고서를 보여 주세요.
パスポートと申告書を見せてください。
파스포-토또 싱코꾸쇼오 미세떼 구다사이

짐은 이게 다입니까?
お荷物はこれだけですか。
오니모쯔와 고레다께데스까

이 여행용 가방을 열어 주세요.
このスーツケースを開けてください。
고노 스-츠케-스오 아께떼 구다사이

이 내용물은 뭡니까?
この中身は何ですか。
고노 나까미와 난데스까

그건 제 일용품입니다.
それはわたしの身の回り品です。
소레와 와따시노 미노마와리힌데스

이건 과세 대상이 됩니다.
これは課税の対象となります。
고레와 가제-노 다이쇼-또 나리마스

Conversation
A: **特別に申告するものはありますか。**
B: **申告するものはありません。**
특별히 신고할 물건은 있습니까?
신고할 것은 없습니다.

- パスポートと申告書を見せてください。

- お荷物はこれだけですか。

- このスーツケースを開けてください。

- この中身は何ですか。

- それはわたしの身の回り品です。

- これは課税の対象となります。

 # Unit 06 환전

>> 녹음을 듣고 소리내어 읽어볼까요?

환전소는 어디에 있나요?
両替所はどこですか。
료-가에쇼와 도꼬데스까

저기요, 돈을 바꾸고 싶은데요.
すみません、お金を換えたいのですが。
스미마셍, 오까네오 가에따이노데스가

일본 엔으로 환전해 주세요.
日本円に両替してください。
니홍 엔니 료-가에시떼 구다사이

한국 원의 환율은 어떻게 됩니까?
韓国ウォンの為替レートはどのくらいですか。
캉코꾸 원노 가와세레-토와 도노 쿠라이데스까

이 여행자수표를 현금으로 바꿔 주세요.
このトラベラーズチェックを現金にしてください。
고노 토라베라-즈첵쿠오 겡낑니 시떼 구다사이

잔돈도 섞어 주세요.
小銭も混ぜてください。
고제니모 마제떼 구다사이

Conversation

A: どこで両替できますか。
B: 両替と書いてあるところに行ってください。

어디서 환전할 수 있나요?
両替라고 써 있는 곳으로 가십시오.

>> 또박또박 쓰면서 말해볼까요? >> 말하기

両替所はどこですか。

すみません、お金を換えたいのですが。

日本円に両替してください。

韓国ウォンの為替レートはどのくらいですか。

このトラベラーズチェックを現金にしてください。

小銭も混ぜてください。

Unit 07 공항안내소

>> 녹음을 듣고 소리내어 읽어볼까요?

듣기

관광안내소는 어디에 있나요?

観光案内所はどこですか。
かんこうあんないじょ

강꼬-안나이죠와 도꼬데스까

호텔 목록은 있나요?

ホテルリストはありますか。

호테루 리스토와 아리마스까

시내지도를 얻을 수 있나요?

市内地図をもらえますか。
しないちず

시나이치즈오 모라에마스까

여기서 호텔을 예약할 수 있나요?

ここでホテルを予約できますか。
よやく

고꼬데 호테루오 요야꾸 데끼마스까

그 호텔은 어떻게 가나요?

あのホテルへはどうやって行くのですか。
い

아노 호테루에와 도-얏떼 이꾸노데스까

시내는 뭘로 가면 가장 빠른가요?

市内へは何で行けばいちばん速いんですか。
しない　なに　い　　　　　　　はや

시나이에와 나니데 이께바 이찌방 하야인데스까

Conversation

A: すみません、観光案内所はどこですか。
　　　　　　　かんこうあんないじょ

B: 一階にあります。
　いっかい

미안합니다, 관광안내소는 어디에 있나요?
1층에 있습니다.

24 • 쓰면서 말해봐 여행편

>> 또박또박 쓰면서 말해볼까요?   >> 말하기 <<

✏ 観光案内所はどこですか。

✏ ホテルリストはありますか。

✏ 市内地図をもらえますか。

✏ ここでホテルを予約できますか。

✏ あのホテルへはどうやって行くのですか。

✏ 市内へは何で行けばいちばん速いんですか。

 # 공항에서 시내로

>> 녹음을 듣고 소리내어 읽어볼까요?

듣기

카트는 어디에 있나요?

カートはどこにありますか。

카-토와 도꼬니 아리마스까

짐을 트렁크에 넣어 주세요.

荷物をトランクに入れてください。

니모쯔오 토랑쿠니 이레떼 구다사이

이 호텔로 가 주세요.

このホテルへ行ってください。

고노 호테루에 잇떼 구다사이

시내로 가는 버스는 어느 것입니까?

市内へ行くバスはどれですか。

시나이에 이꾸 바스와 도레데스까

버스 표는 어디서 살 수 있죠?

バスの切符はどこで買えますか。

바스노 깁뿌와 도꼬데 가에마스까

이 버스는 어디에 섭니까?

このバスはどこに停まりますか。

고노 바스와 도꼬니 도마리마스까

Conversation

A: 切符は乗る前に買うのですか。
B: いいえ、車内で運転手に払ってください。

표는 타기 전에 사는 건가요?
아뇨, 차 안에서 기사에게 지불하세요.

또박또박 쓰면서 말해볼까요?   >> 말하기 <<

- カートはどこにありますか。

- 荷物をトランクに入れてください。

- このホテルへ行ってください。

- 市内へ行くバスはどれですか。

- バスの切符はどこで買えますか。

- このバスはどこに停まりますか。

Unit 09 귀국수속

>> 녹음을 듣고 소리내어 읽어볼까요?

듣기

예약을 재확인하고 싶은데요.
リコンファームをしたいのですが。
리콩화-무오 시따이노데스가

비행편을 변경할 수 있나요?
便の変更をお願いできますか。
빈노 헹꼬-오 오네가이 데끼마스까

다른 항공사를 봐주세요.
ほかの会社の便を調べてください。
호까노 카이샤노 빙오 시라베떼 구다사이

해약 대기라도 괜찮아요.
キャンセル待ちでもけっこうです。
캰세루마찌데모 겍꼬-데스

빨리 가 주세요. 늦었어요.
急いでください。遅れているんです。
이소이데 구다사이. 오꾸레떼 이룬데스

기사님, 호텔로 돌아가 줄래요?
運転手さん、ホテルへ戻ってくれませんか。
운뗀슈상, 호테루에 모돗떼 구레마셍까

Conversation

A: 申し訳ございませんが、席はひとつも残っておりません。
B: キャンセル待ちでお願いできますか。

죄송하지만, 좌석은 하나도 남아 있지 않습니다.
해약대기로 가능한가요?

>> 또박또박 쓰면서 말해볼까요? >> 말하기 <<

✏ リコンファームをしたいのですが。

✏ 便の変更をお願いできますか。

✏ ほかの会社の便を調べてください。

✏ キャンセル待ちでもけっこうです。

✏ 急いでください。遅れているんです。

✏ 運転手さん、ホテルへ戻ってくれませんか。

귀국 탑승수속

>> 녹음을 듣고 소리내어 읽어볼까요?

탑승수속은 어디서 하나요?
搭乗手続きはどこでするのですか。
とうじょうてつづ
토-죠-테쓰즈끼와 도꼬데 스루노데스까

항공 카운터는 어디입니까?
航空カウンターはどこですか。
こうくう
코-꾸-카운타-와 도꼬데스까

공항세는 있나요?
空港税はありますか。
くうこうぜい
쿠-꼬-제-와 아리마스까

창쪽으로 주세요.
窓側の席をお願いします。
まどがわ　せき　　ねが
마도가와노 세끼오 오네가이시마스

이 가방은 기내로 가지고 들어갈 거예요.
このバッグは機内に持ち込みます。
き　ない　も　こ
고노 박구와 기나이니 모찌꼬미마스

탑승은 벌써 시작되었습니까?
搭乗はもう始まりましたか。
とうじょう　　　　はじ
토-죠-와 모- 하지마리마시다까

Conversation

A: お預けになる荷物はありますか。
　　あず　　　　に もつ
B: 預ける荷物はありません。
　　あず　に もつ
맡기실 짐은 있으십니까?
맡길 짐은 없습니다.

>> 또박또박 쓰면서 말해볼까요?

>> 말하기 <<

- 搭乗手続きはどこでするのですか。

- 航空カウンターはどこですか。

- 空港税はありますか。

- 窓側の席をお願いします。

- このバッグは機内に持ち込みます。

- 搭乗はもう始まりましたか。

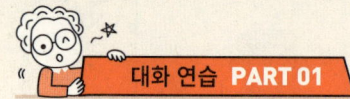 

대화 연습 PART 01

● 대화 내용의 녹음을 듣고 우리말을 일본어로 말해 보세요.

Unit 01
A: 마실 것은 뭐가 있나요?
B: コーヒー、紅茶、ジュースなどがございます。

Unit 02
A: 매점은 어디에 있나요?
B: 二階のレストランの入口にあります。

Unit 03
A: 旅行の目的は何ですか。
B: 관광입니다.

Unit 04
A: 荷物の特徴を教えてください。
B: 대형 여행가방이고요. 청색입니다.

Unit 05
A: 特別に申告するものはありますか。
B: 신고할 것은 없습니다.

Unit 06
A: 어디서 환전할 수 있나요?
B: 両替と書いてあるところに行ってください。

Unit 07
A: すみません、관광안내소는 어디에 있나요?
B: 一階にあります。

Unit 08
A: 표는 타기 전에 사는 건가요?
B: いいえ、車内で運転手に払ってください。

Unit 09
A: 申し訳ございませんが、席はひとつも残っておりません。
B: 해약대기로 가능한가요?

Unit 10
A: お預けになる荷物はありますか。
B: 맡길 짐은 없습니다.

PART 02

書くことで会話が身につく

✿ 눈으로 읽고
✿ 귀로 듣고
✿ 손으로 쓰고
✿ 입으로 소리내어 말한다!

숙박

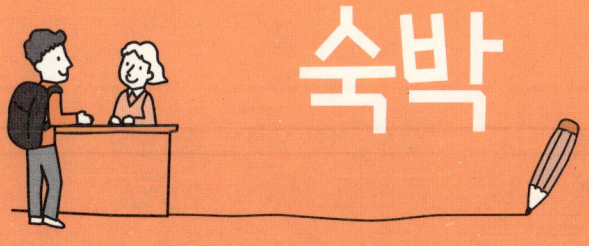

 # 호텔 예약

>> 녹음을 듣고 소리내어 읽어볼까요?   << 듣기

오늘밤 묵을 호텔을 예약하고 싶은데요.
今晩のホテルを予約したいのですが。
곰반노 호테루오 요야꾸시따이노데스가

다른 호텔을 소개해 주세요.
ほかのホテルを紹介してください。
호까노 호테루오 쇼-까이시떼 구다사이

오늘밤 방은 비어 있나요?
今晩部屋は空いていますか。
곰방 헤야와 아이떼 이마스까

욕실이 딸린 싱글은 얼마입니까?
バス付きのシングルはいくらですか。
바스 쓰끼노 싱구루와 이꾸라데스까

아침식사는 나옵니까?
朝食は付いていますか。
쵸-쇼꾸와 쓰이떼 이마스까

비성수기 할인은 없나요?
オフシーズン割引はありませんか。
오후시-증 와리비끼와 아리마셍까

Conversation

A: **何泊のご予定ですか。**
B: **三泊したいのですが。**
몇 박 머무실 예정이십니까?
3박을 하고 싶은데요.

>> 또박또박 쓰면서 말해볼까요?   >> 말하기 <<

✎ 今晩のホテルを予約したいのですが。

✎ ほかのホテルを紹介してください。

✎ 今晩部屋は空いていますか。

✎ バス付きのシングルはいくらですか。

✎ 朝食は付いていますか。

✎ オフシーズン割引はありませんか。

# Unit 02 체크인

>> 녹음을 듣고 소리내어 읽어볼까요?  듣기

체크인하고 싶은데요.
チェックインしたいんですが。
쳇쿠인시따인데스가

예약은 안 했는데, 방은 있나요?
予約はしていませんが、部屋はありますか。
요야꾸와 시떼 이마셍가, 헤야와 아리마스까

조용한 방으로 주세요.
静かな部屋をお願いします。
시즈까나 헤야오 오네가이시마스

전망이 좋은 방으로 주세요.
眺めのよい部屋をお願いします。
나가메노 요이 헤야오 오네가이시마스

1박을 더 하고 싶은데요.
もう一泊したいんですが。
모- 입빠꾸 시따인데스가

이게 방 열쇠입니다.
こちらが部屋のカギとなります。
고찌라가 헤야노 카기또 나리마스

 Conversation

A: **予約はしてあるのですが。**
B: **お名前をお願いできますか。**

예약을 했는데요.
성함을 말씀해 주시겠습니까?

또박또박 쓰면서 말해볼까요? >> 말하기 <<

✎ チェックインしたいんですが。

✎ 予約はしていませんが、部屋はありますか。

✎ 静かな部屋をお願いします。

✎ 眺めのよい部屋をお願いします。

✎ もう一泊したいんですが。

✎ こちらが部屋のカギとなります。

 **Unit 03 호텔에서 아침식사**

>> 녹음을 듣고 소리내어 읽어볼까요? 〈〈 듣기 〉〉

식당은 어디에 있나요?
食堂はどこにありますか。
쇼꾸도-와 도꼬니 아리마스까

아침식사는 몇 시부터 할 수 있나요?
朝食は何時から食べられますか。
쵸-쇼꾸와 난지까라 다베라레마스까

아침식사는 몇 시까지 할 수 있나요?
朝食は何時まで食べられますか。
쵸-쇼꾸와 난지마데 다베라레마스까

아침식사는 방에서 할 수 있나요?
朝食は部屋で取れますか。
쵸-쇼꾸와 헤야데 도레마스까

아침식사를 룸서비스할 수 있어요?
朝食をルームサービスできますか。
쵸-쇼꾸오 루-무사-비스 데끼마스까

부탁한 아침식사가 아직 안 왔어요.
頼んだ朝食がまだ来ません。
다논다 쵸-쇼꾸가 마다 기마셍

Conversation

A: 何時にお持ちいたしましょう。
B: 7時半にお願いします。

몇 시에 갖다 드릴까요?
7시 반에 갖다 주세요.

또박또박 쓰면서 말해볼까요?

食堂はどこにありますか。

朝食は何時から食べられますか。

朝食は何時まで食べられますか。

朝食は部屋で取れますか。

朝食をルームサービスできますか。

頼んだ朝食がまだ来ません。

 # Unit 04 호텔 프런트에서

>> 녹음을 듣고 소리내어 읽어볼까요?

수영장은 무료입니까?
プールは無料ですか。
푸-루와 무료-데스까

선물을 살 수 있는 가게는 있나요?
おみやげを買える店はありますか。
오미야게오 가에루 미세와 아리마스까

정원에서 식사할 수 있나요?
庭で食事できますか。
니와데 쇼꾸지 데끼마스까

이 가방을 5시까지 맡아주었으면 하는데요.
このかばんを5時まで預ってもらいたいのですが。
고노 가방오 고지마데 아즈깟떼 모라이따이노데스가

여기서 관광버스 표를 살 수 있나요?
ここで観光バスのチケットを買えますか。
고꼬데 강꼬-바스노 치켓토오 가에마스까

이 소포를 한국으로 보내고 싶은데요.
この小包を韓国へ送りたいんですが。
고노 고즈쓰미오 캉코꾸에 오꾸리따인데스가

Conversation

A: ホテルにはどんな施設がありますか。
B: ほとんどすべてそろっております。

호텔에는 어떤 시설이 있나요?
거의 모두 갖춰져 있습니다.

>> 또박또박 쓰면서 말해볼까요?   >> 말하기 <<

✎ プールは無料ですか。

✎ おみやげを買える店はありますか。

✎ 庭で食事できますか。

✎ このかばんを5時まで預ってもらいたいのですが。

✎ ここで観光バスのチケットを買えますか。

✎ この小包を韓国へ送りたいんですが。

# 룸서비스

>> 녹음을 듣고 소리내어 읽어볼까요?   듣기

룸서비스는 있나요?

ルームサービスはありますか。

루-무사-비스와 아리마스까

몇 호실입니까?
なんごうしつ
何号室ですか。

낭고-시쯔데스까

마실 물이 필요한데요.
の みず
飲む水がほしいのですが。

노무 미즈가 호시-노데스가

드라이어를 갖다 주세요.
も き
ドライヤーを持って来てください。

도라이야-오 못떼 기떼 구다사이

잠시 기다려 주세요.
ま
ちょっと待ってください。

촛또 맛떼 구다사이

들어오세요.
はい
お入りください。

오하이리쿠다사이

A: モーニングコールをお願いします。
ねが
B: 何時ですか。
なんじ

모닝콜을 부탁합니다.
몇 시에 말입니까?

또박또박 쓰면서 말해볼까요? >> 말하기 <<

✎ ルームサービスはありますか。

✎ 何号室ですか。

✎ 飲む水がほしいのですが。

✎ ドライヤーを持って来てください。

✎ ちょっと待ってください。

✎ お入りください。

세탁과 미용

>> 녹음을 듣고 소리내어 읽어볼까요?

이 옷을 세탁해 주세요.
この衣類を洗濯してください。
고노 이루이오 센따꾸시떼 구다사이

이 와이셔츠를 다려 주세요.
このワイシャツにアイロンをかけてください。
고노 와이샤츠니 아이롱오 가케떼 구다사이

호텔 안에 이발소는 있나요?
ホテル内に理髪店はありますか。
호테루 나이니 리하쯔뗑와 아리마스까

헤어드라이로 말려 주세요.
ヘアドライヤーをかけてください。
헤아도라이야-오 가케떼 구다사이

가능한 빨리 해주세요.
できるだけ早くお願いします。
데끼루다께 하야꾸 오네가이시마스

Conversation

A: 洗濯物の仕上がりはいつですか。
B: 明日までには仕上がります。

세탁은 언제 다 되나요?
내일까지는 됩니다.

세탁을 부탁합니다.
洗濯物をお願いします。
센따꾸모노오 오네가이시마스

>> 또박또박 쓰면서 말해볼까요? >> 말하기 <<

✏ 洗濯物をお願いします。

✏ この衣類を洗濯してください。

✏ このワイシャツにアイロンをかけてください。

✏ ホテル内に理髪店はありますか。

✏ ヘアドライヤーをかけてください。

✏ できるだけ早くお願いします。

 **Unit 07 호텔방에 문제가 있을 때**

» 녹음을 듣고 소리내어 읽어볼까요?　　　듣기

방이 무척 추운데요.
部屋がとても寒いんですが。
헤야가 도떼모 사무인데스가

에어컨이 고장났습니다.
エアコンが壊れています。
에아콩가 고와레떼 이마스

화장실 변기가 막힌 것 같은데요.
トイレが詰まってしまったようです。
토이레가 쓰맛떼 시맛따 요-데스

샤워기에 뜨거운 물이 나오지 않아요.
シャワーのお湯が出ません。
샤와-노 오유가 데마셍

무슨 이상한 냄새가 나는데요.
何か変なにおいがします。
낭까 헨나 니오이가 시마스

텔레비전 화면이 너무 안 좋아요.
テレビの映りが悪すぎます。
테레비노 우쯔리가 와루스기마스

Conversation

A: 責任者とお話ししたいのですが。
B: どうもすみません。すぐメードを寄越します。

책임자와 이야기를 하고 싶은데요.
대단히 죄송합니다. 즉시 객실 담당 여종업원을 보내겠습니다.

46 • 쓰면서 말해봐 여행편

 >> 또박또박 쓰면서 말해볼까요?

>> 말하기 <<

✎ 部屋がとても寒いんですが。

✎ エアコンが壊れています。

✎ トイレが詰まってしまったようです。

✎ シャワーのお湯が出ません。

✎ 何か変なにおいがします。

✎ テレビの映りが悪すぎます。

 # 호텔에 뭔가를 요구할 때

>> 녹음을 듣고 소리내어 읽어볼까요?

방을 깨끗이 청소해 주세요.
部屋をきれいに掃除してください。
헤야오 기레이니 소-지시떼 구다사이

옆방이 시끄러운데요.
となりの部屋がうるさいのですが。
도나리노 헤야가 우루사이노데스가

다른 방으로 바꿔 주시겠어요?
他の部屋に替えていただけますか。
호까노 헤야니 가에떼 이따다께마스까

잠깐 와 주세요.
ちょっと来てください。
촛또 기떼 구다사이

칫솔과 치약을 주세요.
歯ブラシと歯磨き粉をください。
하부라시또 하미가키꼬오 구다사이

방으로 가져오세요.
部屋に持ってきてください。
헤야니 못떼기떼 구다사이

Conversation

A: 部屋から韓国に電話をかけられますか。
B: はい。お手伝いいたします。

방에서 한국으로 전화를 걸 수 있나요?
네, 도와드리겠습니다.

>> 또박또박 쓰면서 말해볼까요? >> 말하기 <<

✎ 部屋をきれいに掃除してください。

✎ となりの部屋がうるさいのですが。

✎ 他の部屋に替えていただけますか。

✎ ちょっと来てください。

✎ 歯ブラシと歯磨き粉をください。

✎ 部屋に持ってきてください。

Unit 09 체크아웃

>> 녹음을 듣고 소리내어 읽어볼까요?

 듣기

체크아웃을 부탁합니다.

チェックアウトをお願いします。

쳭쿠아우토오 오네가이시마스

맡긴 귀중품을 주세요.

預けた貴重品をお願いします。

아즈케따 기쬬-힝오 오네가이시마스

여러모로 신세를 졌습니다.

いろいろお世話になりました。

이로이로 오세와니 나리마시다

택시를 불러 주세요.

タクシーを呼んでください。

타꾸시-오 욘데 구다사이

방에 물건을 두고 나왔습니다.

部屋に忘れ物をしました。

헤야니 와스레모노오 시마시다

고맙습니다. 여기 계산서입니다.

ありがとうございます。はい、勘定書きです。

아리가또-고자이마스. 하이, 간죠-가끼데스

Conversation

A: ご滞在はいかがでしたか。
B: とても楽しかったです。ありがとう。

숙박은 어떠셨습니까?
매우 즐거웠습니다. 고마워요.

>> 또박또박 쓰면서 말해볼까요? >> 말하기 <<

- チェックアウトをお願いします。

- 預けた貴重品をお願いします。

- いろいろお世話になりました。

- タクシーを呼んでください。

- 部屋に忘れ物をしました。

- ありがとうございます。はい、勘定書きです。

 # 일본여관에서

» 녹음을 듣고 소리내어 읽어볼까요?

그건 식사가 나옵니까?
それは食事付きですか。
소레와 쇼꾸지 쓰끼데스까

아무튼 방을 보여 주세요.
とにかく部屋を見せてください。
도니카꾸 헤야오 미세떼 구다사이

피곤해서 당장 샤워를 하고 싶은데요.
疲れたので早速シャワーを浴びたいんですが。
쓰까레따노데 삿소꾸 샤와-오 아비따인데스가

먼저 여관비를 지불할게요.
まず旅館代を払います。
마즈 료깐다이오 하라이마스

노천탕도 있습니까?
露天風呂もありますか。
로뗀부로모 아리마스까

식사는 마음에 드셨습니까?
お食事はお気に召しましたか。
오쇼꾸지와 오키니 메시마시다까

A: 空いた部屋がありますか。
B: はい、ございます。お一人さまですか。

빈방이 있습니까?
네, 있습니다. 혼자이십니까?

それは食事付きですか。

とにかく部屋を見せてください。

疲れたので早速シャワーを浴びたいんですが。

まず旅館代を払います。

露天風呂もありますか。

お食事はお気に召しましたか。

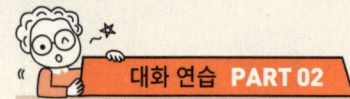

● 대화 내용의 녹음을 듣고 우리말을 일본어로 말해 보세요.

Unit 01
A: 何泊のご予定ですか。
B: 3박을 하고 싶은데요.

Unit 02
A: 예약을 했는데요.
B: お名前をお願いできますか。

Unit 03
A: 何時にお持ちいたしましょう。
B: 7시 반에 갖다 주세요.

Unit 04
A: 호텔에는 어떤 시설이 있나요?
B: ほとんどすべてそろっております。

Unit 05
A: 모닝콜을 부탁합니다.
B: 何時ですか。

Unit 06
A: 세탁은 언제 다 되나요?
B: 明日までには仕上がります。

Unit 07
A: 책임자와 이야기를 하고 싶은데요.
B: どうもすみません。すぐメードを寄越します。

Unit 08
A: 방에서 한국으로 전화를 걸 수 있나요?
B: はい。お手伝いいたします。

Unit 09
A: ご滞在はいかがでしたか。
B: 매우 즐거웠습니다. 고마워요.

Unit 10
A: 빈방이 있습니까?
B: はい、ございます。お一人さまですか。

PART 03

書くことで会話が身につく

✿ 눈으로 읽고
✿ 귀로 듣고
✿ 손으로 쓰고
✿ 입으로 소리내어 말한다!

식사

식당을 찾을 때

>> 녹음을 듣고 소리내어 읽어볼까요?

괜찮은 식당 좀 소개해 주시겠어요?
いいレストランを紹介していただけますか。
이- 레스토랑오 쇼-까이시떼 이따다께마스까

별로 안 비싼 식당이 좋겠어요.
あまり高くないレストランがいいです。
아마리 다카꾸나이 레스토랑가 이-데스

이 주변에 한식점은 있나요?
この辺りに韓国料理の店はありますか。
고노 아따리니 캉코꾸료-리노 미세와 아리마스까

식당이 많은 곳은 어느 주변인가요?
レストランの多いのはどの辺りですか。
레스토란노 오-이노와 도노 아따리데스까

이 시간에 문을 연 식당은 있나요?
この時間開いているレストランはありますか。
고노 지깡 아이떼 이루 레스토랑와 아리마스까

우동집은 어디에 있는지 아세요?
うどん屋はどこにあるかご存じですか。
우동야와 도꼬니 아루까 고존지데스까

A: どんなお料理が好きですか。
B: 日本料理が食べたいんです。
어떤 요리를 좋아하십니까?
일본요리를 먹고 싶은데요.

또박또박 쓰면서 말해볼까요?   >> 말하기 <<

✎ いいレストランを紹介していただけますか。

✎ あまり高くないレストランがいいです。

✎ この辺りに韓国料理の店はありますか。

✎ レストランの多いのはどの辺りですか。

✎ この時間開いているレストランはありますか。

✎ うどん屋はどこにあるかご存じですか。

 # 식당 예약

»» 녹음을 듣고 소리내어 읽어볼까요?

예약이 필요한가요?
予約が必要ですか。
요야꾸가 히쯔요-데스까

예약하지 않아도 식사할 수 있나요?
予約しなくても食事できますか。
요야꾸시나꾸떼모 쇼꾸지 데끼마스까

몇 분이십니까?
何人さまですか。
난닌사마데스까

오늘 예약을 내일로 변경할 수 있나요?
今日の予約をあしたに変更できますか。
쿄-노 요야꾸오 아시따니 헹꼬-데끼마스까

예약을 확인할 수 있나요?
予約の確認ができますか。
요야꾸노 카꾸닝가 데끼마스까

예약을 취소하고 싶은데요.
予約をキャンセルしたいんですが。
요야꾸오 칸세루시따인데스가

Conversation

A: 今晩7時に5人分予約したいんですが。
B: あいにく今晩は満席です。

오늘밤 7시에 5인분을 예약하고 싶은데요.
유감스럽지만, 오늘밤은 자리가 다 찼습니다.

>> 또박또박 쓰면서 말해볼까요?　　　　　>> 말하기 <<

✎ 予約が必要ですか。

✎ 予約しなくても食事できますか。

✎ 何人さまですか。

✎ 今日の予約をあしたに変更できますか。

✎ 予約の確認ができますか。

✎ 予約をキャンセルしたいんですが。

 # Unit 03 자리에 앉을 때까지

>> 녹음을 듣고 소리내어 읽어볼까요?

어서 오십시오. 몇 분이십니까?

いらっしゃいませ。何人さまですか。

이랏샤이마세. 난닌사마데스까

3명이 앉을 자리는 있나요?

3人の席はありますか。

산닌노 세끼와 아리마스까

창가 자리로 주세요.

窓際の席をお願いします。

마도기와노 세끼오 오네가이시마스

구석 자리가 좋겠는데요.

隅の席がいいんですが。

스미노 세끼가 이인데스가

안내해 드릴 때까지 기다려 주십시오.

ご案内するまでお待ちください。

고안나이스루마데 오마찌 쿠다사이

얼마나 기다려야 하죠?

どのくらい待たなければいけませんか。

도노 쿠라이 마따나께레바 이께마셍까

Conversation

A: こんばんは。二人ですが、席はありますか。
B: あいにく満席なのでお待ち願うことになりますが。

안녕하세요. 두 사람인데요, 좌석은 있나요?
아쉽게도 자리가 다 차서 기다리셔야 되겠는데요.

>> 또박또박 쓰면서 말해볼까요?

>> 말하기 <<

✎ いらっしゃいませ。何人さまですか。

✎ 3人の席はありますか。

✎ 窓際の席をお願いします。

✎ 隅の席がいいんですが。

✎ ご案内するまでお待ちください。

✎ どのくらい待たなければいけませんか。

Unit 04 주문할 때

>> 녹음을 듣고 소리내어 읽어볼까요?

메뉴를 보여 주세요.
メニューを見せてください。
메뉴-오 미세떼 구다사이

한국어 메뉴는 있나요?
韓国語のメニューはありますか。
캉코꾸고노 메뉴-와 아리마스까

주문받으세요.
注文をしたいのですが。
츄-몽오 시따이노데스가

이것과 이것을 주세요.
これとこれをお願いします。
고레또 고레오 오네가이시마스

나도 같은 걸로 주세요.
わたしにも同じ物をお願いします。
와따시니모 오나지모노오 오네가이시마스

저것과 같은 요리를 주세요.
あれと同じ料理をください。
아레또 오나지 료-리오 구다사이

Conversation

A: 何がおすすめですか。
B: どんなものが食べたいのですか。

무얼 추천하시겠어요?
어떤 걸 드시고 싶으십니까?

>> 또박또박 쓰면서 말해볼까요?   >> 말하기 <<

✎ メニューを見せてください。

✎ 韓国語のメニューはありますか。

✎ 注文をしたいのですが。

✎ これとこれをお願いします。

✎ わたしにも同じ物をお願いします。

✎ あれと同じ料理をください。

Unit 05 주문에 문제가 있을 때

>> 녹음을 듣고 소리내어 읽어볼까요?

요리가 아직 안 나왔는데요.
料理がまだ来ません。
료-리가 마다 기마셍

주문한 것과 다른데요.
注文したものと違います。
츄-몬시따 모노또 치가이마스

이건 주문하지 않았는데요.
これは注文していませんが。
고레와 츄-몬시떼 이마셍가

제가 주문한 건 어떻게 됐나요?
わたしの注文したのはどうなっていますか。
와따시노 츄-몬시따노와 도-낫떼 이마스까

빨리 해 주세요.
早くしてください。
하야꾸 시떼 구다사이

주문한 요리는 언제 되나요?
注文した料理はいつできますか。
츄-몬시따 료-리와 이쯔 데끼마스까

Conversation

A: 注文したものがまだ来ないのですが。
B: いつご注文なさいましたか。

주문한 게 아직 안 나왔는데요.
언제 주문하셨습니까?

>> 또박또박 쓰면서 말해볼까요?   >> 말하기

✏ 料理がまだ来ません。

✏ 注文したものと違います。

✏ これは注文していませんが。

✏ わたしの注文したのはどうなっていますか。

✏ 早くしてください。

✏ 注文した料理はいつできますか。

식당에서의 트러블

>> 녹음을 듣고 소리내어 읽어볼까요?

좀 더 조용한 자리로 바꿔 주시겠어요?
もっと静かな席に替えてもらえませんか。
못또 시즈까나 세끼니 가에떼 모라에마셍까

이 요리에 머리카락이 들어 있어요.
この料理に髪の毛が入ってますよ。
고노 료-리니 가미노께가 하잇떼 마스요

약간 덜 익은 것 같은데요.
ちょっと火が通ってないようですが。
촛또 히가 도옷떼 나이 요-데스가

이 스테이크는 너무 구웠네요.
このステーキは焼きすぎです。
고노 스테-키와 야끼스기데스

글라스가 더럽네요. 바꿔주세요.
グラスが汚れています。取り替えてください。
그라스가 요고레떼 이마스. 도리까에떼 구다사이

너무 많아서 다 먹을 수 없습니다.
ちょっと多すぎて食べられません。
촛또 오-스기떼 다베라레마셍

Conversation

A: ちょっと火が通っていないようですが。
B: 作り直してまいります。

좀 덜 익은 것 같은데요.
다시 만들어 가져오겠습니다.

 >> 또박또박 쓰면서 말해볼까요?  >> 말하기 <<

! もっと静かな席に替えてもらえませんか。

! この料理に髪の毛が入ってますよ。

! ちょっと火が通ってないようですが。

! このステーキは焼きすぎです。

! グラスが汚れています。取り替えてください。

! ちょっと多すぎて食べられません。

 # Unit 07 식사를 하면서

>> 녹음을 듣고 소리내어 읽어볼까요?   듣기

간장을 갖다 주세요.
醤油を取ってください。
쇼-유오 돗떼 구다사이

밥 하나 더 주세요.
ご飯のおかわりをください。
고한노 오까와리오 구다사이

좀더 구워 주세요.
もう少し焼いてください。
모- 스꼬시 야이떼 구다사이

테이블을 치워 주세요.
テーブルを片付けてください。
테-부루오 가따즈케떼 구다사이

이 요리는 먹지 않았습니다.
この料理は食べていません。
고노 료-리와 다베떼 이마셍

가져가도 됩니까?
持ち帰ってもいいですか。
모찌카엣떼모 이-데스까

 **Conversation**

A: はしを落してしまいましたが。
B: 新しいものを持ってまいります。
젓가락을 떨어뜨렸는데요.
새 것으로 갖다 드리겠습니다.

>> 또박또박 쓰면서 말해볼까요?   >> 말하기 <<

✎ 醤油を取ってください。

✎ ご飯のおかわりをください。

✎ もう少し焼いてください。

✎ テーブルを片付けてください。

✎ この料理は食べていません。

✎ 持ち帰ってもいいですか。

 # Unit 08 음식맛의 표현

>> 녹음을 듣고 소리내어 읽어볼까요? 　　듣기

이거 정말 맛있군요.

これ、とてもおいしいですね。

고레, 도떼모 오이시-데스네

맛이 없군요.

まずいですね。

마즈이데스네

이 된장국은 짜군요.

この味噌汁はしょっぱいですね。

고노 미소시루와 숍빠이데스네

너무 달군요.

甘すぎますね。

아마스기마스네

이건 좀 맵군요.

これはちょっと辛いですね。

고레와 촛또 카라이데스네

이건 별로 입에 맞지 않군요.

これはあまり口に合わないですね。

고레와 아마리 구찌니 아와나이데스네

Conversation

A: 味はどうですか。
B: ちょっと薄味ですね。

맛은 어때요?
좀 싱겁군요.

>> 또박또박 쓰면서 말해볼까요?　　　　　　　　　　　　　　　　>> 말하기 <<

✏ これ、とてもおいしいですね。

✏ まずいですね。

✏ この味噌汁はしょっぱいですね。

✏ 甘すぎますね。

✏ これはちょっと辛いですね。

✏ これはあまり口に合わないですね。

 # Unit 09 식당에서의 계산

>> 녹음을 듣고 소리내어 읽어볼까요?

계산해주세요.
お勘定をお願いします。
오칸죠-오 오네가이시마스

여기서 계산하나요?
ここで払えますか。
고꼬데 하라에마스까

계산을 따로따로 하고 싶은데요.
勘定を別々に払いたいんですが。
간죠-오 베쯔베쯔니 하라이따인데스가

제가 전부 내겠습니다.
わたしがまとめて払います。
와따시가 마또메떼 하라이마스

여기는 선불인가요?
ここは前払いですか。
고꼬와 마에바라이데스까

이 요금은 뭡니까?
この料金は何ですか。
고노 료-낑와 난데스까

Conversation

A: こちらがお勘定となっております。
B: テーブルで支払いできますか。

계산서는 여기 있습니다.
테이블에서 지불해도 되나요?

>> 또박또박 쓰면서 말해볼까요?   >> 말하기 <<

✏ お勘定をお願いします。

✏ ここで払えますか。

✏ 勘定を別々に払いたいんですが。

✏ わたしがまとめて払います。

✏ ここは前払いですか。

✏ この料金は何ですか。

음료와 술을 마실 때

>> 녹음을 듣고 소리내어 읽어볼까요?

커피를 마실까요?
コーヒーを飲みましょうか。
코-히-오 노미마쇼-까

어디서 한 잔 할까요?
どこかで一杯やりましょうか。
도꼬까데 입빠이 야리마쇼-까

건배!
乾杯！
깜빠이

술이 상당히 세 보이네요.
お酒がなかなか強そうですね。
오사께가 나까나까 쓰요소-데스네

저는 별로 못 마셔요.
わたしはあまり飲めないんですよ。
와따시와 아마리 노메나인데스요

잠깐 술을 깰게요.
ちょっと酔いをさますよ。
촛또 요이오 사마스요

A: **もう少しビールをいかがですか。**
B: **ありがとう。**
맥주 좀 더 마실래요?
고마워요.

또박또박 쓰면서 말해볼까요? 말하기

- コーヒーを飲みましょうか。

- どこかで一杯やりましょうか。

- 乾杯!

- お酒がなかなか強そうですね。

- わたしはあまり飲めないんですよ。

- ちょっと酔いをさますよ。

대화 연습 **PART 03**

● 대화 내용의 녹음을 듣고 우리말을 일본어로 말해 보세요.

Unit 01
A: どんなお料理が好きですか。
B: 일본요리를 먹고 싶은데요.

Unit 02
A: 오늘밤 7시에 5인분을 예약하고 싶은데요.
B: あいにく今晩は満席です。

Unit 03
A: こんばんは。두 사람인데요, 좌석은 있나요?
B: あいにく満席なのでお待ち願うことになりますが。

Unit 04
A: 무얼 추천하시겠어요?
B: どんなものが食べたいのですか。

Unit 05
A: 주문한 게 아직 안 나왔는데요.
B: いつご注文なさいましたか。

Unit 06
A: 좀 덜 익은 것 같은데요.
B: 作り直してまいります。

Unit 07
A: 젓가락을 떨어뜨렸는데요.
B: 新しいものを持ってまいります。

Unit 08
A: 味はどうですか。
B: 좀 싱겁군요.

Unit 09
A: こちらがお勘定となっております。
B: 테이블에서 지불해도 되나요?

Unit 10
A: 맥주 좀 더 마실래요?
B: ありがとう。

04 PART

書くことで会話が身につく

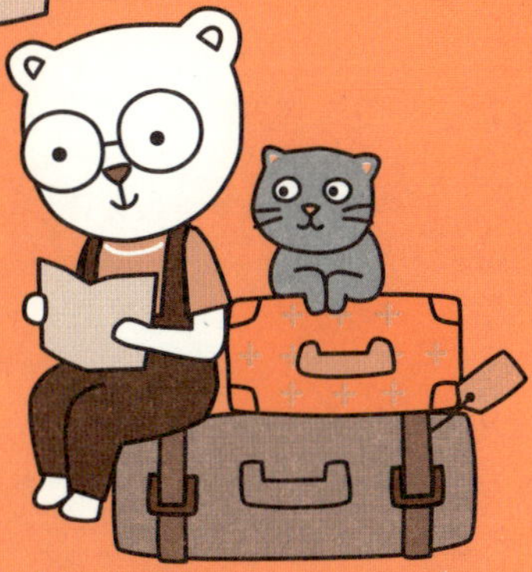

- 눈으로 읽고
- 귀로 듣고
- 손으로 쓰고
- 입으로 소리내어 말한다!

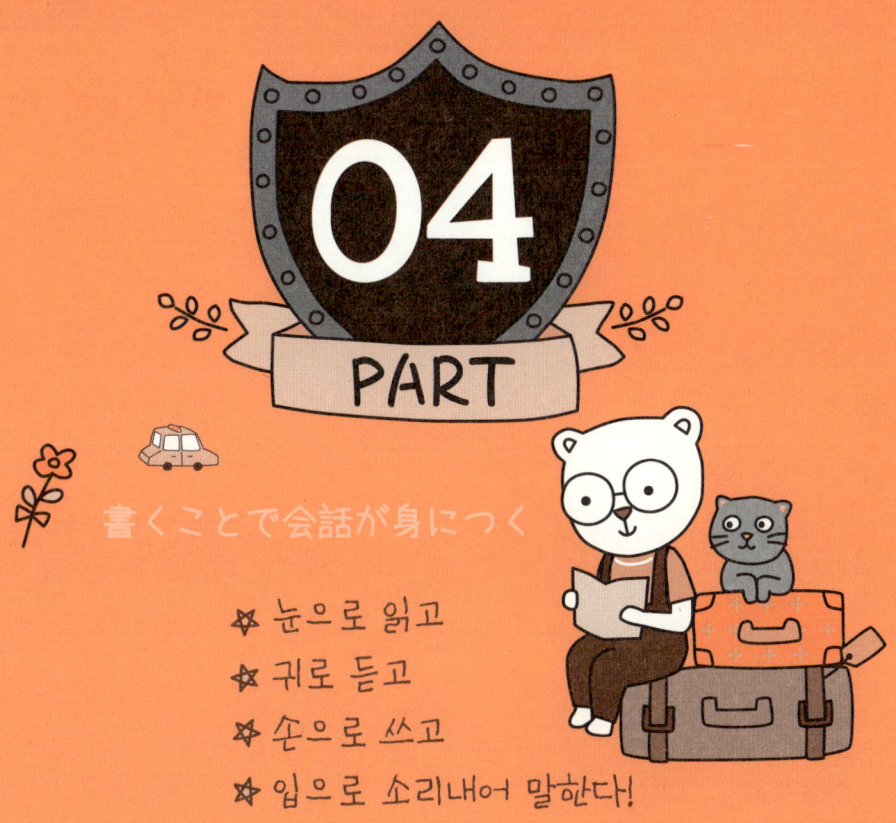

교통

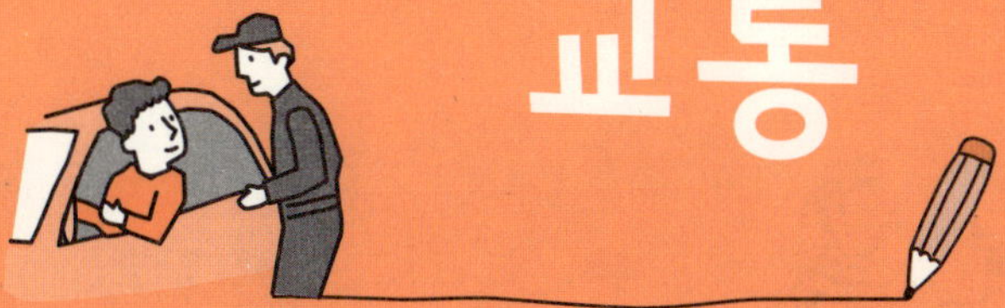

길을 묻거나 알려줄 때

>> 녹음을 듣고 소리내어 읽어볼까요?

길을 잃었는데요.

道に迷ったんですが。

미찌니 마욧딴데스가

여기는 어디죠?

ここはどこですか。

고꼬와 도꼬데스까

저는 이 지도 어디에 있죠?

わたしは、この地図のどこにいるのですか。

와따시와, 고노 치즈노 도꼬니 이루노데스까

역은 어떻게 가면 좋을까요?

駅へはどう行ったらいいですか。

에끼에와 도- 잇따라 이-데스까

미안합니다. 잘 모르겠어요.

すみません。よくわかりません。

스미마셍. 요꾸 와까리마셍

저도 여기는 처음이에요.

わたしもここははじめてです。

와따시모 고꼬와 하지메떼데스

A: わたしは、この地図のどこにいるのですか。
B: いま、ここにいるのです。

저는 이 지도의 어디에 있죠?
지금 여기에 있습니다.

>> 또박또박 쓰면서 말해볼까요?　　　　　　　　　　　　>> 말하기 <<

✎　道に迷ったんですが。

✎　ここはどこですか。

✎　わたしは、この地図のどこにいるのですか。

✎　駅へはどう行ったらいいですか。

✎　すみません。よくわかりません。

✎　わたしもここははじめてです。

 # 택시를 탈 때

>> 녹음을 듣고 소리내어 읽어볼까요?

택시를 불러 주세요.
タクシーを呼んでください。
타꾸시-오 욘데 구다사이

택시승강장은 어디에 있어요?
タクシー乗り場はどこですか。
타꾸시-노리바와 도꼬데스까

트렁크를 열어 주세요.
トランクを開けてください。
토랑쿠오 아케떼 구다사이

이리 가 주세요.
ここへ行ってください。
고꼬에 잇떼 구다사이

공항까지 가 주세요.
空港までお願いします。
쿠-꼬-마데 오네가이 시마스

여기서 세워 주세요.
ここで止めてください。
고꼬데 도메떼 구다사이

A: タクシーを呼んでもらえますか。
B: 少し時間がかかりますよ。

택시를 불러 주시겠어요?
시간이 좀 걸립니다.

  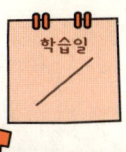

>> 또박또박 쓰면서 말해볼까요?　　　　　　　　　　　　>> 말하기 <<

✎　タクシーを呼んでください。

✎　タクシー乗り場はどこですか。

✎　トランクを開けてください。

✎　ここへ行ってください。

✎　空港までお願いします。

✎　ここで止めてください。

 # 버스를 탈 때

>> 녹음을 듣고 소리내어 읽어볼까요? **듣기**

버스정류장은 어디서 있어요?
バス停はどこにありますか。
바스떼-와 도꼬니 아리마스까

여기 버스정류장에서 내리면 돼요?
ここのバス停で降りればいいですか。
고꼬노 바스떼-데 오리레바 이-데스까

이 버스는 공원까지 가나요?
このバスは公園まで行きますか。
고노 바스와 코-엠마데 이끼마스까

저기요. 이 자리는 비어 있어요?
すみません、この席は空いていますか。
스미마셍, 고노 세끼와 아이떼 이마스까

여기요, 내릴게요.
すみません、降ります。
스미마셍, 오리마스

버스터미널은 어디에 있어요?
バスターミナルはどこにありますか。
바스 타-미나루와 도꼬니 아리마스까

A: バスの運賃はいくらですか。
B: 300円です。

버스 요금은 얼마죠?
300엔입니다.

또박또박 쓰면서 말해볼까요? 　　　　　　말하기

✏ バス停はどこにありますか。

✏ ここのバス停で降りればいいですか。

✏ このバスは公園まで行きますか。

✏ すみません、この席は空いていますか。

✏ すみません、降ります。

✏ バスターミナルはどこにありますか。

# Unit 04 전철·지하철을 탈 때

» 녹음을 듣고 소리내어 읽어볼까요?   듣기

가장 가까운 역은 어디인가요?
もよりの駅はどこですか。
모요리노 에끼와 도꼬데스까

지하철의 노선도는 없나요?
地下鉄の路線図はありませんか。
치카테쯔노 로센즈와 아리마셍까

이 전철을 타면 되나요?
この電車に乗ればいいですか。
도노 덴샤니 노레바 이-노데스까

이 역은 급행전철이 서나요?
この駅は急行電車は止まりますか。
고노 에끼와 큐-꼬-덴샤와 도마리마스까

마지막 전철은 몇 시인가요?
終電は何時ですか。
슈-뎅와 난지데스까

어디서 갈아타나요?
どの駅で乗り換えるのですか。
도노 에끼데 노리까에루노데스까

Conversation

A: この電車に乗ればいいのですか。
B: いいえ、JRに乗ってください。

이 전철을 타면 되죠?
아뇨, JR을 타세요.

>> 또박또박 쓰면서 말해볼까요?   >> 말하기 <<

✎ もよりの駅はどこですか。

✎ 地下鉄の路線図はありませんか。

✎ この電車に乗ればいいですか。

✎ この駅は急行電車は止まりますか。

✎ 終電は何時ですか。

✎ どの駅で乗り換えるのですか。

Unit 05 열차를 탈 때

»» 녹음을 듣고 소리내어 읽어볼까요?   듣기

매표소는 어디에 있어요?

切符売り場はどこですか。
きっぷ う ば

깁뿌우리바와 도꼬데스까

도쿄까지 편도를 주세요.

東京までの片道切符をください。
とうきょう   かたみちきっぷ

토-꾜-마데노 카따미찌 깁뿌오 구다사이

더 이른 열차는 없어요?

もっと早い列車はありませんか。
はや れっしゃ

못또 하야이 렛샤와 아리마셍까

이건 교토행인가요?

これは京都行きですか。
きょう と ゆ

고레와 쿄-또유끼데스까

중간에 내릴 수 있어요?

途中で下車はできますか。
と ちゅう   げ しゃ

도쮸-데 게샤와 데끼마스까

열차를 놓치고 말았어요.

列車に乗り遅れてしまいました。
れっしゃ   の   おく

렛샤니 노리오꾸레떼 시마이마시다

Conversation

A: すみません、切符売り場はどこですか。
　　　　　　 きっぷ う ば
B: この通路にそって行くと右にあります。
　　　つうろ　　　　 い　　 みぎ

미안합니다, 매표소는 어디에 있어요?
이 통로를 따라가면 오른쪽에 있어요.

또박또박 쓰면서 말해볼까요? 　　　　　　　　　　　　말하기

- 切符売り場はどこですか。

- 東京までの片道切符をください。

- もっと早い列車はありませんか。

- これは京都行きですか。

- 途中で下車はできますか。

- 列車に乗り遅れてしまいました。

 # Unit 06 비행기를 탈 때

>> 녹음을 듣고 소리내어 읽어볼까요?   〈〈 듣기 〉〉

비행기 예약을 부탁할게요.
フライトの予約をお願いします。
후라이토노 요야꾸오 오네가이시마스

지금 체크인할 수 있어요?
今チェックインできますか。
이마 첵쿠인 데끼마스까

이 짐은 기내로 가져 갈 거예요.
この荷物は機内持ちこみです。
고노 니모쯔와 기나이 모찌꼬미데스

이 짐을 맡길게요.
この荷物をあずけます。
고노 니모쯔오 아즈께마스

탑승은 시작되었어요?
搭乗は始まっていますか。
토-죠-와 하지맛떼 이마스까

몇 번 출구로 가면 되죠?
何番ゲートに行けばいいのですか。
남반 게-토니 이께바 이-노데스까

Conversation

A: 出発時刻を確認したいのですが。
B: お名前と便名をどうぞ。

출발시각을 확인하고 싶은데요.
성함과 편명을 말씀하십시오.

>> 또박또박 쓰면서 말해볼까요?　　>> 말하기 <<

✎ フライトの予約をお願いします。

✎ 今チェックインできますか。

✎ この荷物は機内持ちこみです。

✎ この荷物をあずけます。

✎ 搭乗は始まっていますか。

✎ 何番ゲートに行けばいいのですか。

렌터카

>> 녹음을 듣고 소리내어 읽어볼까요?

렌터카를 빌리고 싶은데요.

レンタカーを借りたいんですが。

렌타카-오 가리따인데스가

렌터카 목록을 보여 주세요.

レンタカーリストを見せてください。

렌타카- 리스토오 미세떼 구다사이

차종은 뭐가 좋을까요?

車種は何がいいですか。

샤슈와 나니가 이-데스까

요금은 어떻게 됩니까?

料金はどうなっていますか。

료-낑와 도- 낫떼 이마스까

도로지도를 주시겠어요?

道路地図をいただけますか。

도-로치즈오 이따다께마스까

운전면허증을 보여주시겠어요?

運転免許証を見せてくださいませんか。

운뗌멩꾜쇼-오 미세떼 구다사이마셍까

Conversation

A: 車種は何がいいですか。
B: 安くて運転しやすい車がいいですね。

차종은 뭐가 좋을까요?
싸고 운전하기 쉬운 차가 좋겠군요.

또박또박 쓰면서 말해볼까요?   >> 말하기 <<

- レンタカーを借りたいんですが。

- レンタカーリストを見せてください。

- 車種は何がいいですか。

- 料金はどうなっていますか。

- 道路地図をいただけますか。

- 運転免許証を見せてくださいませんか。

자동차를 운전할 때

>> 녹음을 듣고 소리내어 읽어볼까요?

여기에 주차해도 될까요?
ここに駐車してもいいですか。
고꼬니 츄-샤시떼모 이-데스까

이 근처에 주유소가 있어요?
この近くにガソリンスタンドはありますか。
고노 치카꾸니 가소린스탄도와 아리마스까

가득 넣어 주세요.
満タンにしてください。
만딴니 시떼 구다사이

타이어가 펑크 났어요.
タイヤがパンクしました。
타이야가 팡쿠시마시다

다음 휴게소에서 밥을 먹읍시다.
次のサービスエリアでご飯を食べましょう。
쓰기노 사-비스에리아데 고항오 다베마쇼-

차를 반환할게요.
車を返します。
구루마오 가에시마스

A: さあ、駅まで乗せてあげますよ。
B: ええ、乗せていただけると助かります。

자, 역까지 태워드릴게요.
네, 태워주시면 도움이 되겠습니다.

 >> 또박또박 쓰면서 말해볼까요?

>> 말하기 <<

✏ ここに駐車してもいいですか。

✏ この近くにガソリンスタンドはありますか。

✏ 満タンにしてください。

✏ タイヤがパンクしました。

✏ 次のサービスエリアでご飯を食べましょう。

✏ 車を返します。

 # 교통사고가 났을 때

>> 녹음을 듣고 소리내어 읽어볼까요?

교통사고예요!
交通事故ですよ！
고-쓰-지꼬데스요

구급차를 불러 주세요.
救急車を呼んでください。
큐-뀨-샤오 욘데 구다사이

도와줘요! 사고예요!
助けて！ 事故ですよ！
다스케떼! 지꼬데스요

경찰을 불러 주세요.
警察を呼んでください。
케-사쯔오 욘데 구다사이

저에게는 과실이 없어요.
わたしのほうには過失はありません。
와따시노 호-니와 카시쯔와 아리마셍

이 사고는 제 탓입니다.
この事故はわたしのせいです。
고노 지꼬와 와따시노 세-데스

Conversation

A: 助けて！ 事故ですよ！
B: 大丈夫ですか。お怪我はありませんか。

도와줘요! 사고예요!
괜찮아요? 다친 데는 없나요?

>> 또박또박 쓰면서 말해볼까요?　　　>> 말하기 <<

✎ 交通事故ですよ！

✎ 救急車を呼んでください。

✎ 助けて！事故ですよ！

✎ 警察を呼んでください。

✎ わたしのほうには過失はありません。

✎ この事故はわたしのせいです。

Unit 10 위급한 상황일 때

>> 녹음을 듣고 소리내어 읽어볼까요?

위험해요!
危ないです！
아부나이데스

다가오지 말아요!
近づかないでください！
치까즈까나이데 구다사이

위급해요!
緊急です！
깅뀨-데스

도와주세요!
助けてください！
다스께떼 구다사이

누구 좀 와 주세요!
だれか来てください！
다레까 기떼 구다사이

그만두세요!
やめてください！
야메떼 구다사이

Conversation

A: 緊急です！
B: 何が起こったんですか。

위급해요!
무슨 일이 일어났어요?

또박또박 쓰면서 말해볼까요?   >> 말하기 <<

✎ 危ないです！

✎ 近づかないでください！

✎ 緊急です！

✎ 助けてください！

✎ だれか来てください！

✎ やめてください！

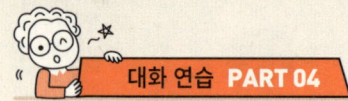 대화 연습 PART 04

● 대화 내용의 녹음을 듣고 우리말을 일본어로 말해 보세요.

Unit 01
A: 저는 이 지도의 어디에 있죠?
B: いま、ここにいるのです。

Unit 02
A: 택시를 불러 주시겠어요?
B: 少し時間がかかりますよ。

Unit 03
A: 버스 요금은 얼마죠?
B: 300円です。

Unit 04
A: 이 전철을 타면 되죠?
B: いいえ、JRに乗ってください。

Unit 05
A: 미안합니다, 매표소는 어디에 있어요?
B: この通路にそって行くと右にあります。

Unit 06
A: 출발시각을 확인하고 싶은데요.
B: お名前と便名をどうぞ。

Unit 07
A: 車種は何がいいですか。
B: 싸고 운전하기 쉬운 차가 좋겠군요.

Unit 08
A: さあ、駅まで乗せてあげますよ。
B: ええ、태워주시면 도움이 되겠습니다.

Unit 09
A: 도와줘요! 사고예요!
B: 大丈夫ですか。お怪我はありませんか。

Unit 10
A: 緊急です!
B: 무슨 일이 일어났어요?

05 PART

書くことで会話が身につく

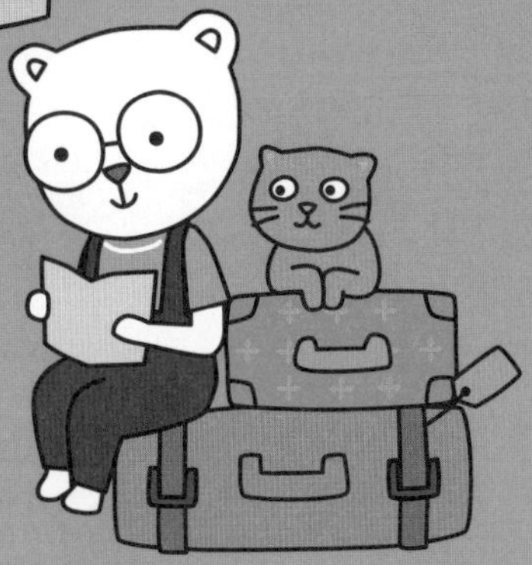

- 눈으로 읽고
- 귀로 듣고
- 손으로 쓰고
- 입으로 소리내어 말한다!

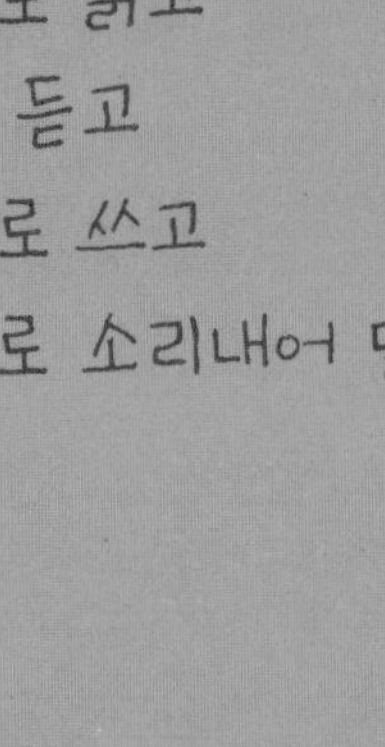

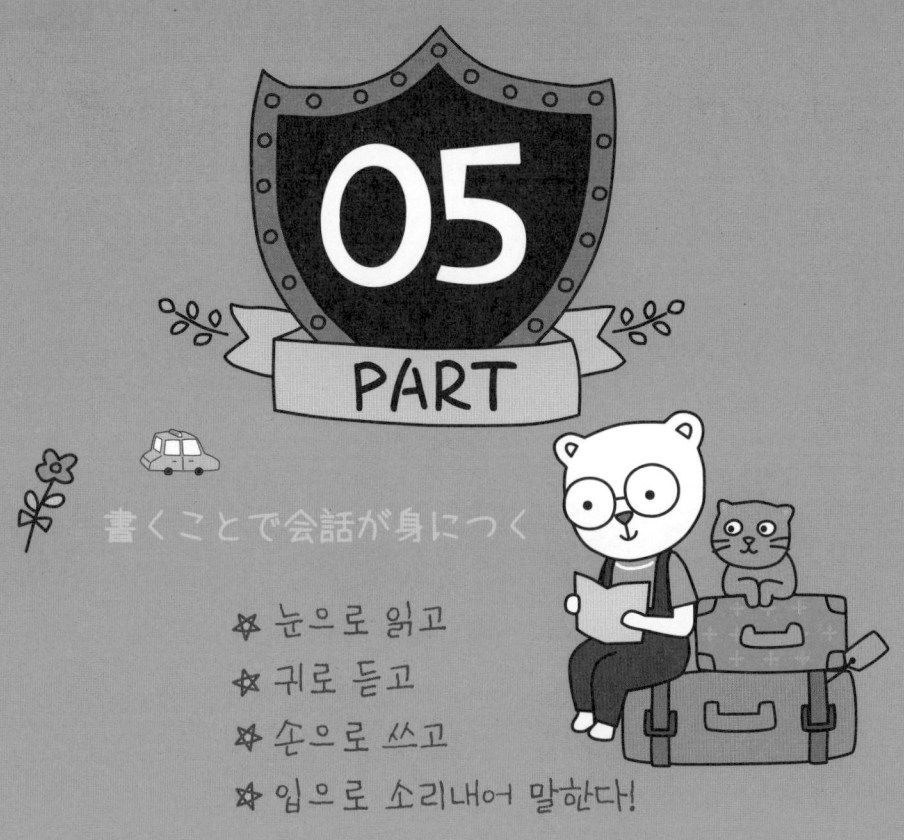

관광

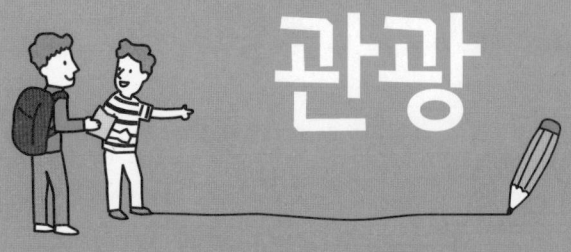

관광안내소에서

>> 녹음을 듣고 소리내어 읽어볼까요?   듣기

관광안내소는 어디에 있어요?
観光案内所はどこですか。
캉꼬-안나이죠와 도꼬데스까

관광 팸플릿을 주세요.
観光パンフレットをください。
캉꼬- 팡후렛토오 구다사이

여기서 볼 만한 곳을 알려 주세요.
ここの見どころを教えてください。
고꼬노 미도꼬로오 오시에떼 구다사이

지금 인기가 있는 관광지는 어디죠?
今人気のある観光スポットはどこですか。
이마 닝끼노 아루 캉꼬- 스폿토와 도꼬데스까

뭔가 축제는 하고 있나요?
何かお祭りはやっていますか。
나니까 오마쯔리와 얏떼 이마스까

여기서 입장권을 살 수 있나요?
ここで入場券が買えますか。
고꼬데 뉴-죠-껭가 가에마스까

Conversation

A: 日帰りではどこへ行けますか。
B: そうですね。日帰りならここがいいですね。

당일치기로는 어디에 갈 수 있죠?
글쎄요. 당일치기라면 여기가 좋겠군요.

>> 또박또박 쓰면서 말해볼까요?   >> 말하기

- 観光案内所はどこですか。

- 観光パンフレットをください。

- ここの見どころを教えてください。

- 今人気のある観光スポットはどこですか。

- 何かお祭りはやっていますか。

- ここで入場券が買えますか。

관광버스·투어를 이용할 때

>> 녹음을 듣고 소리내어 읽어볼까요?

어떤 종류의 투어가 있나요?
どんな種類(しゅるい)のツアーがありますか。
돈나 슈루이노 쓰아-가 아리마스까

투어 팜플렛을 주세요.
ツアーのパンフレットをください。
쓰아노 팡후렛토오 구다사이

시내 투어는 있나요?
市内(しない)のツアーはありますか。
시나이노 쓰아와 아리마스까

야간관광은 있나요?
ナイトツアーはありますか。
나이토쓰아-와 아리마스까

당일치기할 수 있는 곳이 좋겠는데요.
日帰(ひがえ)りできるところがいいんですが。
히가에리 데끼루 도꼬로가 이인데스가

투어는 몇 시간 걸립니까?
ツアーは何時間(なんじかん)かかりますか。
쓰아-와 난지깡 가까리마스까

Conversation

A: 出発(しゅっぱつ)は何時(なんじ)ですか。
B: 午前(ごぜん)9時までにお乗(の)りください。

출발은 몇 시인가요?
오전 9시까지 타십시오.

どんな種類のツアーがありますか。

ツアーのパンフレットをください。

市内のツアーはありますか。

ナイトツアーはありますか。

日帰りできるところがいいんですが。

ツアーは何時間かかりますか。

 **Unit 03 관광지에서**

>> 녹음을 듣고 소리내어 읽어볼까요?

저것은 무엇이죠?
あれは何ですか。
아레와 난데스까

저 건물은 무엇이죠?
あの建物は何ですか。
아노 다떼모노와 난데스까

저건 뭐라고 하죠?
あれは何と言いますか。
아레와 난또 이-마스까

정말로 경치가 멋지군요.
ほんとうに景色がすばらしいですね。
혼또-니 케시끼가 스바라시데스네

여기서 얼마나 머물죠?
ここでどのくらい止まりますか。
고꼬데 도노쿠라이 도마리마스까

몇 시에 버스로 돌아오면 되죠?
何時にバスに戻ってくればいいですか。
난지니 바스니 모돗떼 구레바 이-데스까

Conversation

A: あの建物は何ですか。
B: あれはとても有名なお店です。
　저 건물은 무엇이죠?
　저건 매우 유명한 가게입니다.

>> 또박또박 쓰면서 말해볼까요?   >> 말하기 <<

- あれは何ですか。

- あの建物は何ですか。

- あれは何と言いますか。

- ほんとうに景色がすばらしいですね。

- ここでどのくらい止まりますか。

- 何時にバスに戻ってくればいいですか。

 # 관람할 때

>> 녹음을 듣고 소리내어 읽어볼까요?

입장은 유료인가요, 무료인가요?

入場は有料ですか、無料ですか。

뉴-죠-와 유-료-데스까, 무료-데스까

입장료는 얼마죠?

入場料はいくらですか。

뉴-죠-료-와 이꾸라데스까

단체할인은 없나요?

団体割引はありませんか。

단따이 와리비끼와 아리마셍까

이걸로 모든 전시를 볼 수 있어요?

これですべての展示が見られますか。

고레데 스베떼노 텐지가 미라레마스까

전시 팸플릿은 있어요?

展示のパンフレットはありますか。

텐지노 팡후렛토와 아리마스까

재입관할 수 있어요?

再入館できますか。

사이뉴-깐 데끼마스까

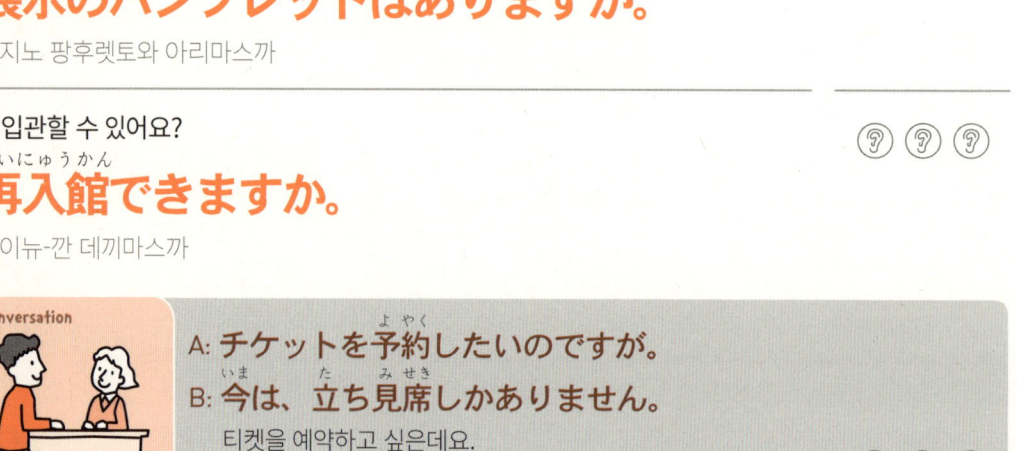

Conversation

A: チケットを予約したいのですが。
B: 今は、立ち見席しかありません。

티켓을 예약하고 싶은데요.
지금은 입석밖에 없습니다.

>> 또박또박 쓰면서 말해볼까요?　　　　　　　　　　　　>> 말하기 <<

- 入場は有料ですか、無料ですか。

- 入場料はいくらですか。

- 団体割引はありませんか。

- これですべての展示が見られますか。

- 展示のパンフレットはありますか。

- 再入館できますか。

Unit 05 사진을 찍을 때

>> 녹음을 듣고 소리내어 읽어볼까요?

듣기

사진 좀 찍어 주시겠어요?
写真を撮ってもらえませんか。
샤싱오 돗떼 모라에마셍까

여기서 사진을 찍어도 될까요?
ここで写真を撮ってもいいですか。
고꼬데 샤싱오 돗떼모 이-데스까

여기에서 우리들을 찍어 주세요.
ここからわたしたちを写してください。
고꼬까라 와따시타찌오 우쯔시떼 구다사이

자, 김치.
はい、チーズ。
하이, 치-즈

여러 분, 찍을게요.
みなさん、写しますよ。
미나상, 우쯔시마스요

한 장 더 부탁할게요.
もう一枚お願いします。
모- 이찌마이 오네가이시마스

Conversation

A: **写真を撮ってもいいですか。**
B: **はい。ぜひ撮ってください。**
사진을 찍어도 될까요?
예, 자 찍으세요.

- 写真を撮ってもらえませんか。
- ここで写真を撮ってもいいですか。
- ここからわたしたちを写してください。
- はい、チーズ。
- みなさん、写しますよ。
- もう一枚お願いします。

Unit 06 파친코에서

》 녹음을 듣고 소리내어 읽어볼까요?

파치코에 가보지 않겠어요?
パチンコ屋へ行ってみませんか。
파찡꼬야에 잇떼 미마셍까

좋은 파친코를 소개해 주세요.
いいパチンコ屋を紹介してください。
이- 파칭꼬야오 쇼-까이시떼 구다사이

여기에 걸게요.
これにかけます。
고레니 가께마스

구슬을 돌릴게요.
玉を回します。
다마오 마와시마스

잠깐 쉴게요.
ちょっと休みます。
촛또 야스미마스

이겼어요.
勝ちました。
가찌마시다

A: ここでやってもいいですか。
B: はい、もちろんいいですよ。
여기서 해도 됩니까?
네, 물론 되죠.

또박또박 쓰면서 말해볼까요?   >> 말하기 <<

✏ パチンコ屋へ行ってみませんか。

✏ いいパチンコ屋を紹介してください。

✏ これにかけます。

✏ 玉を回します。

✏ ちょっと休みます。

✏ 勝ちました。

클럽·바·노래방에서

>> 녹음을 듣고 소리내어 읽어볼까요? 　　듣기

그 나이트클럽은 손님이 많나요?
そのナイトクラブには客が多いですか。
소노 나이토쿠라부니와 캬꾸가 오-이데스까

카바레에 가서 한 잔 합시다.
キャバレーに行って一杯やりましょう。
캬바레-니 잇떼 입빠이 야리마쇼-

비어홀에 가서 맥주라도 마십시다.
ビヤホールに行ってビールでも飲みましょう。
비야호-루니 잇떼 비-루데모 노미마쇼-

노래방은 있나요?
カラオケボックスはありますか。
카라오케 복쿠스와 아리마스까

저는 한국 노래를 부르겠습니다.
わたしは韓国の歌を歌います。
와따시와 캉꼬꾸노 우따오 우따이마스

노래 선곡집을 보여 주세요.
歌のリストを見せてください。
우따노 리스토오 미세떼 구다사이

Conversation

A: リクエストをしたいのですが、いいですか。
B: はい、お先にどうぞ。

곡을 신청하고 싶은데, 괜찮아요?
네, 먼저 하십시오.

>> 또박또박 쓰면서 말해볼까요?   >> 말하기 <<

- そのナイトクラブには客が多いですか。

- キャバレーに行って一杯やりましょう。

- ビヤホールに行ってビールでも飲みましょう。

- カラオケボックスはありますか。

- わたしは韓国の歌を歌います。

- 歌のリストを見せてください。

Unit 08 스포츠·레저 즐기기

》 녹음을 듣고 소리내어 읽어볼까요? 《 듣기 》

골프를 치고 싶은데요.

ゴルフをしたいのですが。
고루후오 시따이노데스가

오늘 플레이할 수 있나요?

今日、プレーできますか。
쿄-, 푸레- 데끼마스까

초보자도 괜찮습니까?

初心者でも大丈夫ですか。
쇼신샤데모 다이죠-부데스까

스키를 타고 싶은데요.

スキーをしたいのですが。
스키-오 시따이노데스가

레슨을 받고 싶은데요.

レッスンを受けたいのですが。
렛승오 우케따이노데스가

등산은 좋아하세요?

山登りは好きですか。
야마노보리와 스끼데스까

Conversation

A: 明日ゴルフをしたいのですが。
B: 何時にプレーされますか。

내일 골프를 하고 싶은데요.
몇 시에 플레이하시겠습니까?

  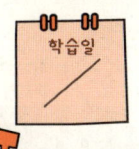

>> 또박또박 쓰면서 말해볼까요? >> 말하기 <<

✎ ゴルフをしたいのですが。

✎ 今日、プレーできますか。

✎ 初心者でも大丈夫ですか。

✎ スキーをしたいのですが。

✎ レッスンを受けたいのですが。

✎ 山登りは好きですか。

 # 난처할 때

>> 녹음을 듣고 소리내어 읽어볼까요?

지금 무척 곤란해요.
いま、たいへん困ってるんです。
이마, 다이헹 고맛떼룬데스

어떻게 하면 좋을까요?
どうしたらいいでしょうか。
도-시따라 이-데쇼-까

무슨 좋은 방법은 없을까요?
何かいい方法はありませんか。
나니까 이- 호-호-와 아리마셍까

어떻게 좀 해 주세요.
何とかしてください。
난또까 시떼 구다사이

화장실은 어디에 있죠?
トイレはどこですか。
토이레와 도꼬데스까

그건 좀 곤란한데요.
それはちょっと困るんですが。
소레와 촛또 고마룬데스가

Conversation

A: 何か助けが必要ですか。
B: ありがとう。最寄りの駅はどこでしょうか。

무슨 도움이 필요하세요?
고마워요. 가장 가까운 역은 어디에 있나요?

또박또박 쓰면서 말해볼까요?　　　　　　　　　말하기

✎ いま、たいへん困ってるんです。

✎ どうしたらいいでしょうか。

✎ 何かいい方法はありませんか。

✎ 何とかしてください。

✎ トイレはどこですか。

✎ それはちょっと困るんですが。

말이 통하지 않을 때

» 녹음을 듣고 소리내어 읽어볼까요?   듣기

일본어는 못해요.
日本語は話せません。
니홍고와 하나세마셍

일본어는 잘 못해요.
日本語はあまりできないんです。
니홍고와 아마리 데끼나인데스

제 일본어로는 부족해요.
わたしの日本語では不十分です。
와따시노 니홍고데와 후쥬-분데스

천천히 말씀해 주시겠어요?
ゆっくりと言っていただけますか。
육꾸리또 잇떼 이따다께마스까

한국어를 하는 분은 안 계세요?
韓国語を話す方はいませんか。
캉코꾸고오 하나스 가따와 이마셍까

이것은 일본어로 뭐라고 하죠?
これは日本語で何と言いますか。
고레와 니홍고데 난또 이-마스까

Conversation

A: **日本語は話せますか。**
B: **いいえ、あまりできないんです。**
일본어는 할 줄 아세요?
아뇨, 잘 못합니다.

>> 또박또박 쓰면서 말해볼까요?   >> 말하기 <<

✎ 日本語は話せません。

✎ 日本語はあまりできないんです。

✎ わたしの日本語では不十分です。

✎ ゆっくりと言っていただけますか。

✎ 韓国語を話す方はいませんか。

✎ これは日本語で何と言いますか。

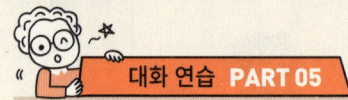 대화 연습 **PART 05**

● 대화 내용의 녹음을 듣고 우리말을 일본어로 말해 보세요.

Unit 01
A: 당일치기로는 어디에 갈 수 있죠?
B: そうですね。日帰りならここがいいですね。

Unit 02
A: 출발은 몇 시인가요?
B: 午前9時までにお乗りください。

Unit 03
A: 저 건물은 무엇이죠?
B: あれはとても有名なお店です。

Unit 04
A: 티켓을 예약하고 싶은데요.
B: 今は、立ち見席しかありません。

Unit 05
A: 사진을 찍어도 될까요?
B: はい。ぜひ撮ってください。

Unit 06
A: 여기서 해도 됩니까?
B: はい、もちろんいいですよ。

Unit 07
A: 곡을 신청하고 싶은데, 괜찮아요?
B: はい、お先にどうぞ。

Unit 08
A: 내일 골프를 하고 싶은데요.
B: 何時にプレーされますか。

Unit 09
A: 何か助けが必要ですか。
B: ありがとう。 가장 가까운 역은 어디에 있나요?

Unit 10
A: 日本語は話せますか。
B: 아뇨, 잘 못합니다.

PART 06

書くことで会話が身につく

✿ 눈으로 읽고
✿ 귀로 듣고
✿ 손으로 쓰고
✿ 입으로 소리내어 말한다!

쇼핑

쇼핑가에서

>> 녹음을 듣고 소리내어 읽어볼까요?

쇼핑가는 어디에 있나요?
ショッピング街はどこですか。
숍핑구가이와 도꼬데스까

면세점은 어디에 있나요?
免税店はどこにありますか。
멘제-뗑와 도꼬니 아리마스까

이 주변에 백화점은 있나요?
このあたりにデパートはありますか。
고노 아따리니 데파-토와 아리마스까

그건 어디서 살 수 있나요?
それはどこで買えますか。
소레와 도꼬데 가에마스까

그 가게는 오늘 문을 열었나요?
その店は今日開いていますか。
소노 미세와 쿄- 아이떼 이마스까

몇 시까지 하나요?
何時まで開いていますか。
난지마데 아이떼 이마스까

A: ショッピングセンターを探しています。
B: 最近、新しいショッピングプラザができました。
쇼핑센터를 찾고 있습니다.
최근에 새로운 쇼핑센터가 생겼습니다.

  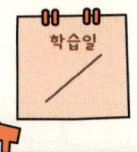

또박또박 쓰면서 말해볼까요?

- ショッピング街はどこですか。

- 免税店はどこにありますか。

- このあたりにデパートはありますか。

- それはどこで買えますか。

- その店は今日開いていますか。

- 何時まで開いていますか。

Unit 02 슈퍼마켓·백화점에서

>> 녹음을 듣고 소리내어 읽어볼까요?

이 근처에 슈퍼는 있나요?

この近くにスーパーはありますか。

고노 치까꾸니 스-파-와 아리마스까

가공식품 코너는 어딘가요?

加工食品のコーナーはどこですか。

가꼬-쇼꾸힌노 코-나-와 도꼬데스까

매장 안내는 있나요?

売場案内はありますか。

우리바 안나이와 아리마스까

엘리베이터는 어디에 있나요?

エレベーターはどこですか。

에레베-타-와 도꼬데스까

이것에는 보증이 붙어있나요?

これには保証が付いてますか。

고레니와 호쇼-가 쓰이떼마스까

지금 주문하면 곧 받을 수 있나요?

いま注文すれば、すぐ手に入りますか。

이마 츄-몬스레바, 스구 데니 하이리마스까

Conversation

A: 贈答用商品券はどこで買えますか。
B: はい、5階の文化センターの入口にございます。

선물용 상품권은 어디서 살 수 있습니까?
네, 5층 문화센터 입구에 있습니다.

 >> 또박또박 쓰면서 말해볼까요?

✎ この近くにスーパーはありますか。

✎ 加工食品のコーナーはどこですか。

✎ 売場案内はありますか。

✎ エレベーターはどこですか。

✎ これには保証が付いてますか。

✎ いま注文すれば、すぐ手に入りますか。

 **Unit 03 물건을 찾을 때**

>> 녹음을 듣고 소리내어 읽어볼까요?

무얼 찾으세요?
何かお探しですか。
나니까 오사가시데스까

그냥 구경하는 거예요.
見ているだけです。
미떼이루 다께데스

잠깐 봐 주시겠어요?
ちょっとよろしいですか。
촛또 요로시-데스까

재킷을 찾는데요.
ジャケットを探しています。
쟈켓토오 사가시떼 이마스

이것과 같은 것은 없어요?
これと同じものはありませんか。
고레또 오나지 모노와 아리마셍까

이것뿐이에요?
これだけですか。
고레다께데스까

A: 何かお探しですか。
B: はい、家内へのプレゼントを見ています。

무얼 찾으세요?
네, 아내에게 줄 선물을 보고 있습니다.

- 何かお探しですか。
- 見ているだけです。
- ちょっとよろしいですか。
- ジャケットを探しています。
- これと同じものはありませんか。
- これだけですか。

 # Unit 04 물건을 고를 때

>> 녹음을 듣고 소리내어 읽어볼까요?

그걸 봐도 될까요?

それを見てもいいですか。

소레오 미떼모 이-데스까

몇 가지 보여 주세요.

いくつか見せてください。

이꾸쓰까 미세떼 구다사이

다른 것을 보여 주세요.

別のものを見せてください。

베쯔노 모노오 미세떼 구다사이

더 좋은 것은 없어요?

もっといいのはありませんか。

못또 이-노와 아리마셍까

사이즈는 이것뿐이에요?

サイズはこれだけですか。

사이즈와 고레다께데스까

다른 디자인은 없어요?

他のデザインはありませんか。

호까노 데자잉와 아리마셍까

Conversation

A: あれを見せてもらえますか。
B: かしこまりました。はい、どうぞ。

저걸 보여 주시겠어요?
알겠습니다. 자, 여기 있습니다.

>> 또박또박 쓰면서 말해볼까요?   >> 말하기 <<

- それを見てもいいですか。

- いくつか見せてください。

- 別のものを見せてください。

- もっといいのはありませんか。

- サイズはこれだけですか。

- 他のデザインはありませんか。

Unit 05 물건 값을 흥정할 때

>> 녹음을 듣고 소리내어 읽어볼까요?

듣기

좀 더 깎아 줄래요?

もう少し負けてくれますか。

모- 스꼬시 마케떼 구레마스까

더 싼 것은 없나요?

もっと安いものはありませんか。

못또 야스이 모노와 아리마셍까

더 싸게 해 주실래요?

もっと安くしてくれませんか。

못또 야스꾸시떼 구레마셍까

좀 비싼 것 같군요.

ちょっと高いようですね。

촛또 다까이요-데스네

할인 좀 안 되나요?

少し割引できますか。

스꼬시 와리비끼 데끼마스까

미안해요. 다음에 올게요.

ごめんなさい。また来ます。

고멘나사이. 마따 기마스

Conversation

A: これを全部買ったら割引してくれますか。
B: ええ、考えますよ。

이걸 전부 사면 할인해 주나요?
예, 생각해볼게요.

>> 또박또박 쓰면서 말해볼까요?   >> 말하기 <<

✎ もう少し負けてくれますか。

✎ もっと安いものはありませんか。

✎ もっと安くしてくれませんか。

✎ ちょっと高いようですね。

✎ 少し割引できますか。

✎ ごめんなさい。また来ます。

 # 물건 값을 계산할 때

>> 녹음을 듣고 소리내어 읽어볼까요?

이건 얼마예요?

これはいくらですか。

고레와 이꾸라데스까

전부해서 얼마인가요?

全部でいくらですか。

젬부데 이꾸라데스까

이건 세일 중인가요?

これはセール中ですか。

고레와 세-루 쮸-데스까

세금을 포함한 가격입니까?

税金を含んだ値段ですか。

제-낑오 후꾼다 네단데스까

신용카드로 지불하고 싶은데요.

クレジットカードで支払いたいんですが。

쿠레짓토 카-도데 시하라이따인데스가

왜 가격이 다른가요?

どうして値段が違うんですか。

도-시떼 네당가 치가운데스까

Conversation

A: これ、全部でいくらですか。
B: はい、税込みで13,200円になります。

이거 전부해서 얼마인가요?
네, 세금 포함해서 13,200엔이 되겠습니다.

>> 또박또박 쓰면서 말해볼까요?　　　　　　　　　　　　　>> 말하기 <<

✎ これはいくらですか。

✎ 全部でいくらですか。

✎ これはセール中ですか。

✎ 税金を含んだ値段ですか。

✎ クレジットカードで支払いたいんですが。

✎ どうして値段が違うんですか。

포장이나 배달을 원할 때

>> 녹음을 듣고 소리내어 읽어볼까요?

이건 배달해 주세요.
これは配達してください。
고레와 하이타쯔시떼 구다사이

호텔까지 갖다 주시겠어요?
ホテルまで届けてもらえますか。
호테루마데 도도께떼 모라에마스까

언제 배달해 주시겠어요?
いつ届けてもらえますか。
이쯔 도도께떼 모라에마스까

별도 요금이 드나요?
別料金がかかりますか。
베쯔료-낑가 가까리마스까

이 주소로 보내 주세요.
この住所に送ってください。
고노 쥬-쇼니 오꿋떼 구다사이

구입한 게 아직 배달되지 않았어요.
買ったものがまだ届きません。
갓따 모노가 마다 도도끼마셍

A: これは配達してください。
B: はい、ここに住所を書いてください。

이건 배달해 주세요.
네, 여기에 주소를 적어 주세요.

 >> 또박또박 쓰면서 말해볼까요?  >> 말하기 <<

これは配達してください。

ホテルまで届けてもらえますか。

いつ届けてもらえますか。

別料金がかかりますか。

この住所に送ってください。

買ったものがまだ届きません。

Unit 08 교환이나 환불을 원할 때

» 녹음을 듣고 소리내어 읽어볼까요?

반품하고 싶은데요.
返品したいのですが。
헴뻰시따이노데스가

아직 쓰지 않았어요.
まだ使っていません。
마다 쓰깟떼 이마셍

이걸 어제 샀어요.
これをきのう買いました。
고레오 기노- 가이마시다

다른 것으로 바꿔 주세요.
別のものと取り替えてください。
베쯔노 모노또 도리까에떼 구다사이

영수증은 여기 있어요.
領収書はここにあります。
료-슈-쇼와 고꼬니 아리마스

환불해 주시겠어요?
返金してもらえますか。
헹낀시떼 모라에마스까

Conversation

A: **これ、買ったものと違います。**
B: **領収書はありますか。**

이거 산 물건하고 다릅니다.
영수증은 있어요?

 >> 또박또박 쓰면서 말해볼까요?  >> 말하기 <<

- 返品したいのですが。

- まだ使っていません。

- これをきのう買いました。

- 別のものと取り替えてください。

- 領収書はここにあります。

- 返金してもらえますか。

 # Unit 09 물건을 분실했을 때

>> 녹음을 듣고 소리내어 읽어볼까요?   듣기

여권을 잃어버렸어요.
パスポートをなくしました。
파스포-토오 나꾸시마시다

전철에 가방을 놓고 내렸어요.
電車にバッグを忘れました。
덴샤니 박구오 와스레마시다

유실물 센터는 어디에 있죠?
紛失物係はどこですか。
훈시쯔부쯔 가까리와 도꼬데스까

누구에게 알리면 되죠?
だれに知らせたらいいですか。
다레니 시라세따라 이-데스까

무엇이 들어있었죠?
何が入っていましたか。
나니가 하잇떼 이마시다까

찾으면 연락드릴게요.
見つかったら連絡します。
미쓰깟따라 렌라꾸시마스

Conversation

A: **電車にバッグを忘れました。**
B: **何線ですか。**
전철에 가방을 놓고 내렸어요.
무슨 선입니까?

또박또박 쓰면서 말해볼까요? >> 말하기 <<

パスポートをなくしました。

電車にバッグを忘れました。

紛失物係はどこですか。

だれに知らせたらいいですか。

何が入っていましたか。

見つかったら連絡します。

# Unit 10 도난당했을 때

>> 녹음을 듣고 소리내어 읽어볼까요?   듣기

강도예요!
強盗ですよ!
고-또-데스요

돈을 빼앗겼어요.
お金を奪われました。
오까네오 우바와레마시다

스마트폰을 도둑맞았어요.
スマートフォンを盗まれました。
스마-토횽오 누스마레마시다

전철 안에서 지갑을 소매치기 당했어요.
電車の中で財布をすられました。
덴샤노 나까데 사이후오 스라레마시다

방에 도둑이 든 것 같아요.
部屋に泥棒が入ったようなんです。
헤야니 도로보-가 하잇따요-난데스

도난신고서를 내고 싶은데요.
盗難届けを出したいんですが。
도-난토도께오 다시따인데스가

Conversation

A: 金をよこせ。さもないと殺すぞ!
B: お金は持っていません!
　돈을 내놔. 그렇지 않으면 죽이겠다!
　돈은 안 갖고 있어요!

>> 또박또박 쓰면서 말해볼까요?　　　　　　　　　　　　　　　　>> 말하기 <<

✎ 強盗ですよ!

✎ お金を奪われました。

✎ スマートフォンを盗まれました。

✎ 電車の中で財布をすられました。

✎ 部屋に泥棒が入ったようなんです。

✎ 盗難届けを出したいんですが。

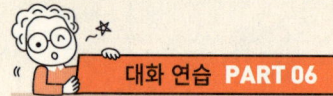 대화 연습 PART 06

- 우리 말을 일본어로 말해 보세요.

Unit 01
A: 쇼핑센터를 찾고 있습니다.
B: 最近、新しいショッピングプラザができました。

Unit 02
A: 선물용 상품권은 어디서 살 수 있습니까?
B: はい、5階の文化センターの入口にございます。

Unit 03
A: 何かお探しですか。
B: はい、아내에게 줄 선물을 보고 있습니다.

Unit 04
A: 저걸 보여 주시겠어요?
B: かしこまりました。はい、どうぞ。

Unit 05
A: 이걸 전부 사면 할인해 주나요?
B: ええ、考えますよ。

Unit 06
A: 이거 전부해서 얼마인가요?
B: はい、税込みで13,200円になります。

Unit 07
A: 이건 배달해 주세요.
B: はい、ここに住所を書いてください。

Unit 08
A: 이거 산 물건하고 다릅니다.
B: 領収書はありますか。

Unit 09
A: 전철에 가방을 놓고 내렸어요.
B: 何線ですか。

Unit 10
A: 金をよこせ。さもないと殺すぞ!
B: 돈은 안 갖고 있어요!